GTB
Gütersloher Taschenbücher
1450

W0068776

Klaus Berger,

geb. 1940 in Hildesheim, Professor für Neutestamentliche
Theologie an der Ev.-Theol. Fakultät der Universität
Heidelberg

Klaus Berger

Ist
Christsein
der einzige
Weg?

Gütersloher Verlagshaus

Die Deutsche Bibliothek - CIP-Einheitsaufnahme

Berger, Klaus:
Ist Christsein der einzige Weg? / Klaus Berger. –
1. Aufl. der Taschenbuchausg. –
Gütersloh: Gütersloher Verl.-Haus, 2000
(Gütersloher Taschenbücher; 1453)
ISBN 3-579-01453-6

ISBN 3-579-01453-6
1. Auflage der Taschenbuchausgabe 2000
© Quell / Gütersloher Verlagshaus, Gütersloh 1997

Umschlaggestaltung: INIT, Bielefeld
Gesamtherstellung: Těšínská Tiskárna AG, Český Těšín
Gedruckt auf chlorfrei gebleichtem Werkdruckpapier
Printed in Czech Republic

Inhalt

3. Teil: Absolutheit

7

5. Teil: Glaube und Geschichte

6. Teil: Die Wahrheitsfrage

7. Teil: Dialog

8. Teil: Mission

9. Teil: Lessings Ringparabel und die Folgen

1. TEIL

Einführung

Das Verhältnis des frühen Christentums zu den es umgebenden antiken Religionen (Judentum, Mysterienreligionen, ägyptische Volksreligion, hellenistische Kulte) ist seit Beginn meines Theologiestudiums ein zentrales Thema meines Interesses und Arbeitens. Dabei wurde mir schon bald klar, daß beim Vorgang der Umsetzung (Übersetzung) der biblischen Botschaft für unsere Zeit ebenfalls nach dem Verhältnis des Christentums zu den Religionen, die es heute umgeben, zu fragen ist. Auch dies bedarf der sorgfältigen Aufmerksamkeit all derer, die am Übersetzen der christlichen Botschaft beteiligt sind. Doch der Sinn alles Vergleichens besteht für viele in der Frage: Ist das Christentum die bessere, die absolute Religion?

Öffentliche Diskussion

Kaum eine öffentliche Diskussion über aktuelle Themen des modernen Christentums vergeht, ohne daß jemand die Frage nach dem Heil »der anderen« stellt. Schlicht gefragt: Kommen alle Nichtchristen in die Hölle? Etwas differenzierter gefragt: Kann sich »die Kirche« im Zeitalter der Toleranz noch einen Anspruch auf Absolutheit leisten? Schnell ist man bei der Hand mit Hinweisen darauf, wie leicht Intoleranz zu Gewalttätigkeit führt. Und man sagt, es sei eben nicht erst die äußere Intoleranz gefährlich, sondern schon die innere, die Mentalität der Ausschließlichkeit. Fast könnte gelten: Wer ausschließlich sein will, schließt nur sich selber aus.

Die seelsorgerliche Praxis auch in kleineren Städten zeigt: Es kommt fast gar nicht mehr darauf an, welcher Konfession jemand angehört; zumindest besucht man sich auf allen Ebenen gegenseitig. Des jahrhundertelangen Streitens ist man müde. Und bei den Aufgeklärteren gilt dieses auch für das Verhältnis der Religionen untereinander.

Besonders ausgeprägt ist auf diesem Feld die Inanspruchnahme von Bibelzitaten, die das Gewollte stützen sollen. Eine besondere Karriere hat in dieser Hinsicht 1 Timotheus 2,4a: *Gott will, daß alle Menschen gerettet werden.* »Gott« und »alle Menschen« kann man hier mühelos aufeinander beziehen, und dazwischen steht kein Jesus, keine Kirche, keine Mission. »Alle Menschen gerettet« – nicht nur alle Christen! Das ist das Credo vieler Zeitgenossen. Daß der Satz in 1 Timotheus 2,4b eine Fortsetzung hat, die lautet *und zur Erkenntnis der Wahrheit kommen* und daß diese Wahrheit dann in 1 Timotheus 2,5 entfaltet wird: *Denn es gibt einen einzigen Gott und einen einzigen Mittler zwischen Gott und Mensch, Jesus Christus ...,* wird übersehen. Hier und auch sonst macht man sich das Problem offensichtlich zu leicht.

Das Problem aber, diese seelsorgerliche Situation, hat seine guten Gründe, die nicht zu verachten sind.

– Den postmodernen Pluralismus betrachtet man als große *Befreiung.* Niemand ist noch legitimiert, einem etwas verbindlich vorschreiben zu dürfen.

– In der *weltweiten Menschenfamilie* sind Absolutheitsansprüche jeder Art anachronistisch und gefährlich. Das Problem ist aber dadurch gegeben, daß der biblische Gott (laut Erstem Gebot) »eifersüchtig« ist und die Verehrung anderer Göttinnen und Götter ausschließt. Der Sinn dieser »Eifersucht« wird nicht mehr verstanden. In der Regel meint man, es handele sich um klerikale Herrschsucht – bisweilen nicht ohne Grund.

– Besonders nach außen hin herrscht ein extrem hohes *Harmoniebedürfnis.* Daß unter der Decke im Zeichen des »alten

Adam« weiterhin um Macht gefochten wird, darf man nicht laut sagen. Da bleibt der Verlierer mit seinen Wunden allein. Die *correctness* verbietet selbst das Reden. Der Kampf ist perfekter geworden.

– Man weiß aus der Geschichte: *Terrorismus* und Gewalt gegen Andersdenkende hingen oft mit Religion zusammen. Man kann hier den Mißbrauch nicht mehr vom Gebrauch trennen.

– Der *Feindbegriff* im klassischen Sinne ist ausgestorben. Von anderen Menschen, feindlichen Staaten oder Mächten ausgehende Bedrohungen gibt es nicht mehr, die die Vereinzelten zusammenschlössen. Nur noch Wassermassen gelingt das hierzulande. Wenn auf der Hallig Sturmflut ist und die Menschen gezwungen sind, auf engstem Raum zusammenzuleben und gemeinsam dem Feind zu widerstehen, sind auch ihre Zwistigkeiten vergessen und danach die Menschen wie ausgewechselt, so daß der Pfarrer sagen kann: »Es war wieder einmal nötig.« Nötig, um die Blockaden zu lösen, die die vereinsamenden Menschen wie Sandsäcke um sich herum aufgeschichtet hatten.

Den seit unvordenklichen Zeiten reservierten Platz des Feindes nimmt jeder ein, den man auch gerne »Fundamentalist« nennt, der sich nicht einfügen will in den Konsens der Friedfertigen.

Christentum und Pluralismus

Unter Pluralismus versteht man die prinzipielle Gleichberechtigung unterschiedlicher Werte, Systeme und Weltansichten, die in einer freien und offenen Gesellschaft miteinander in freier Konkurrenz bestehen. Zum Pluralismus gehört auch, daß der einzelne Teilnehmer diese Situation annimmt und bejaht. Dirigismus und Hegemonieansprüche sind deshalb die größten Feinde, weil sie gegen das pluralistische System selbst verstoßen.

Die entscheidende Frage ist nun: Sind Judentum und Christentum (sowie der aus gleicher Quelle stammende Islam) ihrem Wesen nach unfähig, in einer pluralistischen Gesellschaft überhaupt zu existieren? Jedenfalls das Christentum ist seinem Wesen nach immer missionarisch gewesen. Immer häufiger aber hört man, daß als Eintrittskarte der Christen in gesellschaftliches Akzeptiertsein angeboten oder verlangt wird: »Keine Mission!« Durch Mission befürchtet man – »wie einst die alten Germanen«, als sie sich jahrhundertelang dem Christentum widersetzten – den Verlust der Freiheit.

Einerseits gibt es da die Intoleranz des biblischen Gottes, die jedem Pluralismus offensichtlich entgegensteht. Andererseits aber hat das Phänomen des Pluralismus vor allem (nicht ausschließlich) im Christentum seinen Ursprung und seine weite Verbreitung. Von daher ist die Frage berechtigt: Gehören Christentum und Pluralismus nicht eigentlich zusammen?

Die Vorgeschichte des modernen Pluralismus spielt in der Kirchengeschichte der USA, und zwar in der protestantischen Richtung der Kongregationalisten. Diese extrem »demokratisch« organisierten Gruppen vertraten – innerchristlich – die vollständige Autonomie der einzelnen Gruppierungen und *congregations* ohne Hierarchie.

Und weiter: Sind nicht Texte wie Galater 3,28 und Kolosser 3,10f (Aufhebung der trennenden Unterschiede zwischen Juden und Griechen, Sklaven und Freien, Mann und Frau usw.) prinzipiell pluralistisch? Wird nicht im Lichte dieser Texte Vielfalt durch die neue Einheit als erlöste Schöpfung erträglich?

Häufig argumentiert man auch gerade von der Ethik Jesu her im Sinne einer Bejahung des Pluralismus. Eine Ethik der Niedrigkeit, der Sanftheit und des Machtverzichts schließe auch in Fragen der Lehre ein rechthaberisches Vorgehen aus und erfordere ein dialogbereites Hinhören auf den anderen. Insofern seien Toleranz und Christentum wie eineiige Zwillinge. Die Diskussion läßt erkennen, daß man auf der Seite der Befürworter des Pluralismus oftmals »die Liebe« für den einzig nennenswerten Kerngehalt des Christentums ansieht.

Das Heil der weit Entfernten

Nicht gerade selten wird danach gefragt, ob Menschen, die vom Christentum nie etwas gehört hätten, ihm also in jeder Hinsicht ganz fern stünden (zum Beispiel solche in Innerasien), denn nun nach christlicher Ansicht in den Himmel kommen könnten oder nicht.

Diese Fürsorglichkeit hinsichtlich der Fernsten ist erstaunlich. Man wird den Verdacht kaum los, daß es sich hier um einen nur aus Selbstschutz weit weg verlegten Kampfschauplatz handelt, der in Wahrheit die Fragenden selbst betrifft. Sind wir nicht oft in der Lage, uns in der Rolle derer zu sehen, die von Christentum und Kirche weit entfernt stehen und darum um das Heil fürchten? Mein Eindruck: Mit der Frage nach dem Heil für die ganz Fernen meinen die Frager oft genug sich selbst. Sie sind die Fernen im Verhältnis zur Kirche. Die geographische Entfernung wird zum Symbol für die Entfernung vom eigenen Glauben.

Die Frontstellung

Die Fragen und Antworten dieses Buches sind nicht primär an den Menschen in Innerasien orientiert und beziehen sich auch nicht auf die Frage, ob die alten Ägypter, Azteken oder Anhänger des Ahnenkultes »in den Himmel kommen«. Es kann nicht darum gehen, deren Religionen und Heils-Chancen zu beurteilen. Das wird begründet werden. – Nicht ehrwürdige Religionen und dazugehörige Kulturen stehen hier zur Diskussion, sondern das, was Christen in Europa heute primär umgibt und was, so oder so, auch ein Teil ihrer selbst ist. Gemeint sind daher vor allem die nachchristlichen Privatreligionen, also die großenteils erschreckend dürftigen Sinn-Entwürfe, die aus säkularisierten Resten von Christentum, idealistischen Prinzipien aus der Schulzeit, allgemeinen Erziehungsgrundsätzen und Fragmenten humanistischer (»Goethe«), humanitärer (»Albert Schweitzer«, »Mutter Teresa«) und emanzipativer (Ökologie, Feminismus etc.) Überzeugungen bestehen. Die Grenzen zum Christentum sind in der Regel fließend. Nicht selten aber wird das Christentum emphatisch abgelehnt. Die deutlichste Konsequenz dieser Position ist zum Beispiel die seit der Wende kontinuierlich steigende Zahl von Jugendweihen. Auf derselben Linie liegt es, wenn man dem staatlichen »neutralen« Welt- und Lebenskundeunterricht mehr Glaubwürdigkeit beimessen kann als dem kirchlichen Religionsunterricht. Diese Sinnentwürfe sind ernstzunehmen, zumal sie oft mit Vehemenz verteidigt werden. Mit dem Namen »Religion« aber wäre ihnen sicherlich zu viel Ehre angetan. Die Gründe für deren wachsende Beliebtheit sind kurz zu nennen.

Sowohl die NSDAP als auch die SED hatten ihre Parteien in deutlicher Anlehnung an christliche Liturgie und Botschaft aufgebaut, und zwar im Sinne der geschickten Nachäffung. Die Rituale der Parteitage und der jeweiligen Märtyrerverehrung, die Art, in der jeweils Eschatologie nachgeahmt und säkularisiert wurde, die Rolle des Blutes, der Prozessionen, der Versammlungen und selbst jeweilige heilige Schriften lassen deutlich erkennen: Diese Parteien waren ganz besonders in dieser Hinsicht eng miteinander verwandt. Hält man sich vor Augen, daß die Bevölkerung in Ostdeutschland gleich zwei derartiger pseudo-säkularisierter quasi-kirchlicher Parteien nacheinander ertragen mußten, dann können wir die Aversionen gegen das »dritte Mal« begreifen. Wer zweimal nacheinander verdorbenen Fisch gegessen hat, wird der sich noch einmal für ein Fischgericht begeistern können?

Die synkretistischen und säkularisierten Sinnentwürfe stehen oft in keinem Verhältnis zur beanspruchten Mündigkeit und Rationalität ihrer Träger. Als Entwürfe sind sie ebenso durchschaubar wie ungreifbar. Angesichts der Hilflosigkeit, die in den entscheidenden religiösen Fragen besteht, ist die mit dem Buch gestellte Frage so abzuwandeln: Fällt auch dieser neuheidnische Religionsersatz ohne Einschränkung unter die Hochachtung vor allen Religionen? Hier ist verantwortlich Aufklärung über Pseudo-Aufklärung zu geben. Die Bibel versteht Gott und sein »Bodenpersonal« im Sinne von Ärzten im Notfalldienst.

Unser Weg

Auf unserem Weg durch das vielschichtige Thema werden einige Grundpositionen immer wieder eine Rolle spielen. Diese sind hier zum Zweck der Orientierung kurz zu nennen.

Es ist nicht Schwäche in der »Systematik«, sondern die Bindung an die biblischen Texte, die immer wieder die Auskunft nahelegt: Wir wissen es nicht. Über das Wirken Gottes in anderen Religionen und die Frage, ob »ein Hindu in den Himmel kommt«, möchten viele Menschen Genaueres wissen und machen so die (in erster Linie protestantische) Frage der Heilsgewißheit zum Problem der Völkerkunde. Nein, wir wissen nicht, wer in den Himmel kommt und wer nicht. Wir wissen nicht, ob dann, wenn eine andere Religion dem Christentum ähnlich ist, dort der Heilige Geist wirkt oder nicht. Das sind Dinge und Wege, die »Gott allein kennt«.

Immer wieder werden wir auf diesen Ansatz stoßen: Auch nach dem Neuen Testament muß man nicht Christ sein, um selig zu werden. Aber selig wird man nur durch Jesus Christus. Im Kontrastfeld dieser beiden Pole besteht die bekannte Spannung zwischen Partikularität und Universalität im Wirken Gottes in der Geschichte. Die wenigen Erwählten einerseits und die Botschaft für alle andererseits.

Eine ähnliche Spannung zeigt sich bei der für die Heilsfrage wichtigen »Stellvertretung«. Juden und Christen beten stellvertretend für die ganze Welt. So vermitteln sie Segen. Doch zur heilswirksamen Stellvertretung (die aus Sündern Befreite macht) bedarf es des Glaubens oder einer qualifizierten Ähnlichkeit mit Jesus.

Ein weiteres Element: Meiner Meinung nach legt es die Bibel als Geschichten-Buch nahe, sich besonders in dieser Frage nach der Einzigartigkeit des Christentums an konkreter Geschichte zu orientieren. Geschichte aber bietet für zeitlose Absolutheit keinen Platz. Geschichte gestattet auch nicht, das, was geschieht, mit dem Urteil des Dogmas, der Vernunft oder anderer zeitloser Phänomene zu hintergehen. Was am Christentum einzigartig ist, bestimmt sich daher aus der Geschichte. In dieser Geschichte gibt es nicht Christsein an sich, sondern nur in Gestalt verschiedener Christentümer, die wir jeweils »religiöse Kultur« nennen. Das bedeutet nicht Heiligsprechung oder Vergötzung von Kultur, sondern schlichtes Eingeständnis, daß geschichtliche Bindungen unausweichlich waren. Dadurch wurde und wird der Prozeß der Mission vielschichtig und problematisch.

Ein wichtiges Element: Christentum ist anderen Religionen total ähnlich und total unähnlich. Welche Konsequenzen ergeben sich daraus?

Eine häufig wiederkehrende Frage – wir haben sie schon kurz erwähnt – ist die nach dem Verhältnis von Christentum und Pluralismus. Sie wird tendenziell so beantwortet: Christentum ist als biblische Religion Feind des Pluralismus im Sinne der Beliebigkeit und Wertneutralität von Werten, Religionen, Göttern und Standpunkten. Innerhalb des eigenen Raumes aber, wenn also die Grenze zum Glauben an den einen und einzigen Gott überschritten ist, kann Christentum ein ganz ungewöhnlich hohes Maß von Pluralität (nicht: Pluralismus) zulassen. Denn der eine und einzige Gott ist in diesem Sinne Einheit der Gegensätze. Das bedeutet eine Befreiung aus heidnischer Uniformität.

Wenn wir öfter vom Christentum als der »offenbaren Mitte« der Religionen reden, dann ist das vom christlichen Standpunkt aus gedacht und bedeutet nicht, das Christentum sei die Königin der Religionen. Wer in der Mitte steht, muß oft Püffe ertragen und Lasten wahrnehmen. Ähnlich verstand schon Israel seine Erwähltheit: Ach, lieber Gott, laß uns etwas weniger erwählt sein und dafür etwas weniger leiden.

Die Konsequenz wird sein: Nicht fremde Götter anhimmeln, sondern im Fremdling dem einen und einzigen Gott neu begegnen.

Kommentar zur Weltgeschichte

Der im folgenden abgedruckte Text entstand im Oktober 1989 in der DDR, unweit der berühmten gleichzeitigen Leipziger Demonstrationen während eines Pastoralkollegs (Pfarrerfortbildung) der Kirche von Berlin-Brandenburg. Daß diese Demonstrationen Weltgeschichte machen würden, war damals schon recht klar. Gewiß wurde die Geschichte damals nicht oder jedenfalls nicht überwiegend von Christen bestimmt oder »gemacht«. Auch das sagt der Text deutlich. Da auf jener Pfarrerfortbildung die Offenbarung des Johannes Thema war, ergab es sich, den Text in Kapitel 12 im Lichte der Leipziger Ereignisse zu lesen, und zwar zeitgleich wie einen Kommentar.

Der Text wird hier abgedruckt, weil er wesentlich von Nicht-Christen spricht. Auch der Text in Offenbarung 12 sagt keineswegs etwas über die Alleingültigkeit des Christentums, er berichtet noch nicht einmal Christliches. Aber er ist ein christlicher Text, der Grundlegendes über ein zentrales Geschehen der Weltgeschichte aussagt. Noch einmal: Nicht das Christentum hat hier universale Bedeutung, wohl aber die Ereignisse, über die dieser Text berichtet.

Der Text ist als Anrede an die Demonstranten formuliert, von denen einige dann auch zu den Hörern stießen.

Meditation zu Offenbarung 12,7–11

Und es wurde Krieg geführt im Himmel. Michael und seine Engel kämpften gegen den Drachen. Auch der Drache und seine Engel kämpften. Doch seine Kraft versagte, im Himmel konnte er sich nicht mehr halten. So wurde der große Drache auf die Erde geworfen, die alte Schlange, Teufel, Satan, Verführer der ganzen Welt. Und seine Engel wurden mit ihm auf die Erde geworfen. Und ich hörte eine laute Stimme am Himmel: ... Die Brüder haben ihn besiegt durch des Lammes Blut und das Wort ihres Zeugnisses. Sie haben ihr Leben nicht bis zum Tod geliebt.

Ich wollte euch etwas fragen: Habt ihr nicht Angst, wenn ihr da vorne steht, ganz exponiert, ganz weit draußen, nahe an der Polizeikette und den wild gemachten Hunden, nur die Kerze in der Hand? Nur ein zartes, schwaches Licht. Warum habt ihr keine Angst? Ihr müßt etwas an euch haben, manchmal jedenfalls, daß keiner es wagt, euch anzufassen. Ich nehme an, ihr wißt es nicht genau, warum ihr plötzlich so viel Mut habt, so viel, was ich Ausstrahlung nennen will, weshalb die Starken euch fürchten. Euch ist auf Dauer niemand gewachsen.

Ich bin ziemlich sicher, daß ihr nicht viel vom Christentum wißt, von der Lehre und den Geboten, von der Bibel und von Luther. Es ist etwas anderes bei euch, nicht nur, daß ihr nicht wie Hunde leben wollt. Es ist mehr. Ihr habt etwas, das euch ganz sicher macht, ganz tief geborgen sein läßt. So, als ob aller Kampf schon immer entschieden ist. So, als ob es nur noch eine kurze Zeit dauern kann. Von wunderbaren Mächten geborgen. Ihr seid solche, die nicht nur schon das Morgenrot eures Sieges sehen, sondern für die schon alles klar entschieden ist. Es gibt nichts Selbstverständlicheres für euch, als so sein zu müssen, wie ihr seid. Ihr habt keine Angst, weil die Würfel längst gefallen sind. Weil Unrecht nicht Recht werden kann. Das habe ich von euch gelernt: Es gibt da einen Unterschied zwischen den vielen kleinen Leiden, die jeder hat, und dem Feind Gottes und der Menschen, jener Macht, die menschenverachtend höhnisch immer und immer zu triumphieren scheint.

Viel mehr wißt ihr nicht, als daß doch alles klar ist. Daß das Zittern da vorne nichts mit wirklicher Angst zu tun hat, denn die ist auf der Seite der Mächtigen. Ihr wißt nur und bei alledem, daß es irgendwie und irgendwo noch etwas anderes gibt als betrügerische Macht. Diese Ahnung, die ihr habt, ist mir wertvoll und wie ein großer Schatz. Es ist nicht viel mehr, außer daß alles entschieden ist. Keine Lehre weiter – außer daß ihr wißt, daß ihr getragen und geborgen seid. Eure Einsamkeit da vorne, sie ist bitter und wäre nach menschlichem Ermessen hoffnungslos. Und doch ist es, wie wenn alle guten Geister mit euch wären, wie wenn selbst die Erde nicht platt und starr wäre für euch, sondern sich euch schützend entgegenwölbte. Wie wenn diese paar Menschlein in der Konfrontation mit der Polizei die stärksten Mächte des Himmels mit sich hätten.

Auch wenn ihr es nicht genau wißt, sondern nur ahnt: Es geht dabei nicht um mehr Geld und weiter reisen können. Es geht um ein bißchen mehr. Um ein Mehr, das man schlecht benennen kann. Und ihr könnt sicher sein: Genau um dieses Mehr, um das Kostbarste überhaupt, geht es auch dem höllischen Feind Gottes und der Menschen. Man muß es nicht genau benennen, ob es »Seele« oder »Freiheit« oder »Menschsein« oder etwas von Gott ist.

Ich denke, daß Menschen überhaupt nur selten viel über dieses Mehr reden können oder Genaueres wissen. Nur daß es sehr kostbar ist, daß wir es uns nicht nehmen lassen dürfen, um keinen Preis in der Welt. Daß es etwas anderes gibt als Essen und Funktionieren. Und daß dieses Licht ist und nicht Dunkel, Einverständnis und nicht Gewalt.

Wir Christen meinen auch eben dieses. Und Christentum besteht darin, sich in diesem Punkt gegenseitig zuzureden. Darüber auch zu sprechen, warum wir keine Angst haben. Auch uns geht es nur um dieses kleine Mehr. Warum es am Ende auch mehr gibt als nur dieses geliebte Leben. So verstehen wir das »plus ultra« (»immer noch darüber hinaus« – ursprünglich Wahlspruch der Habsburger). Für uns ist »plus ultra« nur ein Wort für das, in das die Flügel, die uns geschenkt sind, immer weiter hineintragen.

Die Würfel sind gefallen, und doch ist nichts schon ausgestanden. Es ist alles entschieden und nichts ausgelitten. Wir haben keinen Grund zur Angst, und trotzdem kann es sein, daß wir uns so verlassen fühlen, daß wir den Beistand aller Brüder und Engel dringend brauchen.

Ich kenne viele, die nicht so sind wie ihr. Die den eisigen Wind vorne an der Polizeikette nicht kennen und auch nicht die Geborgenheit durch die Mächte des Himmels. Die euch beneiden. Ich werde ihnen sagen, daß das Versinken in Karrieredenken und ihre tiefe Hoffnungslosigkeit nur zwei Seiten desselben sind. Aber daß es Flügel gibt für unsere Seele, die Sehnsucht nach einem Mehr, das neue Qualität ist.

Und die Leute werden sagen, daß sich ja doch nichts geändert habe seit Jesus von Nazareth. Und ich werde ihnen antworten, daß es so ist wie in einer großen, dunklen Kirche in der Osternacht. Die Dunkelheit der Gewölbe ist überwältigend, die Menschen sind kaum zu erkennen. Nur Schatten. Doch ganz unscheinbar irgendwo vorne ist ein einziges Licht entzündet, die Osterkerze. Man nimmt sie kaum wahr, aber das Licht ist angezündet. Die Schatten scheinen immer noch überwältigend, doch das täuscht. Denn das wahre Licht brennt schon. Und es wird nicht für immer dauern mit der riesigen Finsternis. Denn immer mehr Menschen werden an dem einen Licht ihre Kerze entzünde, schwache, starke Lichter von dem einen Licht. Licht vom Licht.

Nachwort: Der Sieg Michaels über den Satan, das Grundgeschehen, ist in Offenbarung 12 wie ein mythisches Ereignis berichtet, außerhalb von Raum und Zeit, das heißt wie ein Ereignis, das immer schon und immer wieder, einmalig und doch grundsätzlich den Kampf zwischen Gut und Böse entschieden hat. Im Himmel und grundsätzlich ist der Satan schon besiegt, doch um so härter ist der Schlußkampf auf der Erde. Hier erst wird Offenbarung 12 christlich, indem das Lamm mit seinem Blut (Jesus Christus) und seine treuen Zeugen bis aufs Blut Widerstand leisten, und zwar gewaltlos. Die Bilder von den Flügeln zur Flucht und von der hilfreichen Erde sind aus den dann folgenden Versen 12,14–16 genommen.

»Offenbare Mitte«

Das Christentum verstehe ich als »offenbare Mitte« der Religionen. Natürlich geschieht diese Einschätzung von meinem Standpunkt als Christ aus. Am Beispiel von Offenbarung 12: Der christliche Text ist für mich ein Schlüssel, um ein Ereignis der Weltgeschichte in seiner Tiefendimension zu verstehen, und zwar als Ausdruck von Kampf und Sieg, bezogen auf das »Mehr«, das des Menschen Würde, Freiheit, Identität, Seele, Sehnsucht und Hoffnung ausmacht.

Wenn christliche Texte dazu dienen können, gewinnt Christentum unter der Hand den Charakter einer Aufklärung, es gibt (jedenfalls eine mögliche) Orientierung über das, was dem oberflächlichen Betrachter verborgen bleiben mußte. Auch sonst ist »Offenbarung« wesentlich Aufklärung, Gewinnen von Licht und Klarheit, und zwar nicht über himmlische Geheimnisse, sondern über sich selbst und die Welt, über Liebe und Leid.

Als Religionswissenschaftler sehe ich in anderen Religionen Ähnliches. Die christliche Aufklärung, Offenlegung darüber ist für mich aber besonders klar. Das kommt einmal daher, daß ich als Christ aufgewachsen und erzogen worden bin. Zum anderen hat es aber auch sachliche Gründe: Aufgrund der »Intoleranz« des jüdischen Gottes, das heißt der Bedeutung des Ersten Gebotes, das Alleinverehrung fordert, hat das Frühjudentum einen ausgeprägten Dualismus entwickelt. Dualismus heißt: Scheidung zwischen Jahwe und allen anderen Göttern, zwischen Gott und Teufel, Licht und Finsternis, Weisheit und Torheit. Aufgrund dieser kompromißlosen Zweiteilung der Welt ist es auch immer wieder nötig, entschiedene Klarheit zu gewinnen. Judentum und Islam teilen diese Ausrichtung im Prinzip; im Christentum hat jedoch die Kreuzigung Jesu die dualistische Ausrichtung entschieden gefördert, wie man besonders an Paulus und Johannes sehen kann. Jesu Option für die Armen bringt einen dualistischen Zug auch in die Theologie des Lukas (zum Beispiel in Lukas 16,13: *Ihr könnt nicht Gott dienen und dem Mammon*). – In politischer Hinsicht führt der frühchristliche Dualismus in einzigartiger Klarheit (Offenbarung des Johannes) zur Enthüllung eines unmoralischen und ausbeuterischen Regimes (Rom) und zur Darstellung einer Alternative in der Gemeinde des Lammes. Die Konsequenzen aus dieser Konfrontation waren und sind bis heute weitreichend für die Geschichte Europas.

Das heißt: Die dualistische Ausrichtung des Christentums, verankert im Gottesbild, erfordert immer wieder klare Entscheidungen. Sie liefert scharfe Konturen der Aufklärung. Andere Religionen (außer Judentum und Islam) teilen diese rabiate Praxis der Offenlegung nicht. Sie bezahlen ihre teilweise sehr ausgedehnte Toleranz (zum Beispiel im Hinduismus) mit größerer Unschärfe und Unklarheit. Überall anders ist auch die Neigung größer, sich mit politischen Systemen zu arrangieren. als in einem an der Offenbarung des Johannes orientierten Christentum.

Diese dualistische Grundstruktur ist es auch, die sich, voll beherzigt, immer wieder auch kritisch gegen das Christentum selbst richtet, bisweilen bis hin zur Selbstzerstörung. Da wird dann die Geschichte des Christentums selbst ganz im Dunkel der Sünde und des Verbrechens gesehen. Man sollte sich zumindest darüber klar werden, daß diese Fähigkeit, die eigene Geschichte kritisch zu befragen, nur die Kehrseite der Fähigkeit ist, überhaupt radikal und ohne Rücksicht auf Verluste zu unterscheiden, und zwar streng und hilfreich. – Dieselben Menschen, die die Fähigkeit zur historischen Selbstkritik voll in Anspruch nehmen, lehnen dagegen oftmals den Gerichtsgedanken ab, wohl auch, weil es sie selbst treffen könnte. Dabei sollte man bedenken, daß die Konzeption des Gerichts aus derselben Quelle kommt wie die kritische Geschichtsbeurteilung. Der Unterschied scheint zu sein, daß man sich mit dem einen außerhalb der Kirche stellen kann, mit dem anderen dagegen sich ihren kritischen Anfragen stellen müßte.

Fazit: Mit »offenbare Mitte« meine ich: Das Christentum steht mitten unter anderen Religionen. Niemand behauptet, als Christ sei er der bessere Mensch. Aufgrund der dualistischen Struktur herrscht hier nur – eine aus der Sicht der Christen wünschenswerte – größere Klarheit über Nutzen oder Schädlichkeit, den Weg zum Leben oder zum Tod, Sklaverei oder Freiheit. Diese aufklärerische Funktion nenne ich Offenbarsein.

2. TEIL

Heil für Nicht-Christen

Wir wenden uns zunächst den Texten des Alten und Neuen Testaments zu, die in der Diskussion der Gegenwart über »liberale Religionstheorie« keinerlei Rolle spielen und die doch überraschend Licht auf unsere Frage werfen.

Es ist überhaupt interessant, daß die neuere Diskussion über die »Absolutheit des Christentums« ausschließlich unter Systematikern geführt wird, so daß der Eindruck entsteht, die Bibel sei etwas, von dem her man nur Unheil erwarten könne. Daß man im übrigen auf abenteuerliche Weise Bibelstellen zur Legitimation für alles mögliche benutzt, das ist nicht nur bei Systematikern der Fall.

Notleidenden helfen
(Matthäus 25,31–46)

Wenn aber der Menschensohn in seiner Herrlichkeit kommen wird, im Geleit aller seiner Engel, dann wird er auf dem Thron seiner Herrlichkeit Platz nehmen, und alle Völker werden sich vor ihm versammeln, und er wird sie voneinander scheiden, wie der Hirt die Schafe von den Böcken scheidet: Die Schafe wird er zu seiner Rechten, die Böcke zu seiner Linken stellen. Dann wird der König zu denen auf der rechten Seite sagen: Kommt her zu mir, ihr Gesegneten meines Vaters! Empfangt als euer Erbe das Reich, das euch von Anbeginn der Welt bereitet ist. Denn ich hatte Hunger, und ihr habt mir zu essen gegeben. Ich hatte Durst, und ihr habt mir zu trinken gegeben. Ich war ein Fremdling, und ihr habt mich beherbergt. Ich war nackt, und ihr habt mich beklei-

det. Ich war krank, und ihr habt mich besucht. Ich war gefan-
gen, und ihr seid bei mir gewesen. ... Amen, ich sage euch:
Was ihr einem dieser meiner geringsten Brüder getan habt,
das habt ihr mir getan! ... Amen, ich sage euch: Was ihr einem
dieser Geringsten nicht getan habt, das habt ihr auch mir nicht
getan ...

Dieser Abschnitt ist der Schluß der letzten Rede Jesu nach
dem Matthäus-Evangelium. Daher kommt ihm besondere
Bedeutung im Sinne der Betonung des Wichtigsten zu.
Das Gericht ergeht über alle Völker, das heißt über alle
Menschen, nicht nur über Christen. Das Urteil besteht in
»Himmelreich« oder »Bestrafung«, ein Drittes gibt es nicht.
Das Kriterium für das Gerichtsurteil ist nicht das Gesetz,
sondern ausschließlich das Verhalten gegenüber dem Menschensohn, dem Gerichtsherrn selbst. Überraschend ist, daß
es also nicht um formulierte Faustregeln, destilliert aus ethi-
schen Grundsätzen der Menschheit, gehen wird. Offenbar
sind die hier angesprochenen Menschen nämlich in ihrem
Verhalten gegenüber Notleidenden so hartgesotten, daß
überhaupt nur noch weiterhelfen kann, wenn der Menschensohn sich selbst mit ihnen identifiziert.
Der Text spricht nicht über den Wert anderer Religionen
oder des christlichen Bekenntnisses. Er redet über das Heil
der Menschen, und zwar aller Menschen, völlig unabhängig
von ihrer Religion. Es gibt für dieses Heil nur ein Kriterium:
Gerechtigkeit. So versteht es das Matthäus-Evangelium
auch sonst (vgl. Matthäus 5,21: »bessere Gerechtigkeit«),
und die ganze Botschaft heißt »Weg der Gerechtigkeit«.
Hier in Matthäus 25,31ff ist diese Gerechtigkeit als ausglei-
chende Gerechtigkeit verstanden. Wer etwas hat, gibt denen
ab, die nichts haben.
Im Alten Orient war dieses Ausgleichen Sache des Königs,
ihm waren die Witwen, Waisen und Tagelöhner besonders
anbefohlen. Das ändert sich auch im Alten Testament nicht.
Hier ist Gott derjenige, der sich mit diesen Gruppen identi-

fiziert, sei es, daß er ihr Schreien erhört (2 Mose 22,20–26), sei es, daß man sagt: *Wer dem Armen gibt, der leiht es Gott* (Sprüche 19,17; vgl. Sibyllen 2,80f), sei es, daß man sagt: Alle Menschen sind nach Gottes Ebenbild geschaffen, wer daher einem Menschen, und sei es ein elender, etwas tut oder antut, der hat es Gott getan (Henochbuch[slav] 44,1; Sibyllen 8,402–408). Man nennt diese Vorstellung »Patronat«, weil Gott als der Patron der betreffenden Gruppen erscheint. Aus dieser Tradition her wird verständlich, weshalb sich der Menschensohn mit den Geringsten identifiziert. Er tut hier das, was sonst wenigstens ähnlich von Gott gilt.

Umstritten ist, ob Matthäus 25,31ff Christen im Blick hat oder Menschen allgemein. Geht es nur darum, daß die Menschen aus allen Völkern *christlichen* Armen Gutes tun sollen, weil sie zu Jesus gehören? Für diese Lösung könnte man sich darauf berufen, daß Jesus nach dem oben zitierten Text in 25,40 von seinen *Brüdern* spricht, ferner, daß in Matthäus 10,41f gesagt wird, derjenige, der einen Christen aufnimmt oder ihm einen Becher Wasser zu trinken gibt, werde dafür himmlischen Lohn erhalten. Hier geht es ausdrücklich um den Christen, denn es heißt, »weil er den Namen eines Jüngers trägt«.

Doch von Jüngern ist in Matthäus 25,31–46 eben nicht die Rede, und bei der Wiederholung von V. 40 in V. 46 fehlt auch das Wort »Brüder«. Der Menschensohn identifiziert und solidarisiert sich hier also mit allen armen, niedrigen und verfolgten Menschen überhaupt. Sie sind seine Brüder. Was man ihnen tut, hat man ihm getan, dem Menschensohn selbst. Dafür, daß es sich um die Niedrigen allgemein handelt, sprechen auch die Seligpreisungen. Auch bei den Armen, Hungrigen und Verfolgten, die die Seligpreisungen nennen, geht es nur in Matthäus 5,11f um verfolgte Christen, aber sonst waltet hier – wie auch in der verwandten Reihe in Lukas 6,20–21 und in der Lazarusgeschichte in Lukas 16 – ein striktes Umkehrungsschema. Das heißt: Gott wird für Gerechtigkeit sorgen gegenüber denen, die jetzt arm sind und hungrig und die trauern. So sind die Seligpreisungen Aussagen über Gottes Gerechtigkeit. Denn dem Erweis von Gottes Gerechtigkeit gehört die Zukunft.

In Matthäus 25,31ff soll die Gerechtigkeit der Menschen dieser Gerechtigkeit Gottes in gewissem Sinne zuvorkommen. Oder anders gesagt: Das Kriterium des Gerichts wird sein, ob die Menschen Gott ähnlich geworden sind. Denn sie sind ihm ähnlich, wenn sie zum Beispiel Feinde lieben, so wie er seine Sonne aufgehen läßt über allen (Matthäus 5,44–48), wenn sie vergeben (Matthäus 18,23–35), so wie er vergeben hat, und wenn sie sich um die Bedürftigen so kümmern (Matthäus 25,31–46), wie sonst er sich kümmert. Die »Nachahmung« Gottes und die Ähnlichkeit mit ihm ist daher das eigentliche Kriterium der Gerechtigkeit.

Aus der Theologie des Matthäus sind noch folgende Gedanken zum ergänzenden Verstehen des Textes zu nennen: Alles Geringfügige ist für das Matthäus-Evangelium wichtig – es wird sich als höchst wichtig erweisen. So zählt auch das scheinbar unwichtige, nur nebenher geleistete Tun an scheinbar geringfügigen Menschen im Gericht am meisten (wie der Becher Wasser nach Matthäus 10,42). Auch der verhüllt auf Erden erschienene Menschensohn wird in Wirklichkeit höchst wichtig werden. Er ist in seinem Auftreten und in seinem ganzen Geschick nach derselben Regel der Umwertung zu begreifen. Der Menschensohn solidarisiert sich auch deshalb mit den Geringen, weil er als Menschensohn in bestimmter Hinsicht »für alle« steht; eine kollektive Dimension des Ausdrucks »Menschensohn« kennt schon Daniel 7.

Man kann sagen: Revolutionär an diesem Text ist die Verlagerung der Gegenwart Gottes vom Tempel in die Bettler und Niedrigen, die Ärmsten und Geschundenen in dieser Welt. Revolutionär an diesem Text ist auch, daß hier Gerechtigkeit unabhängig vom Gesetz formuliert wird; entscheidend ist dabei die Zuwendung zu den Ohnmächtigen.

Das, was am Christentum anstößig zu sein schien, das Leiden des Messias, wird durch die Darstellung im Matthäus-Evangelium zum entscheidenden Punkt seiner Überlegenheit, nämlich genau der besseren Gerechtigkeit. Denn der leidende gewaltlose Messias ist das Vorbild der Gerechten. Das Gute wird dem Nächsten hier allerdings nicht um seiner selbst willen erwiesen, sondern um des Menschensohnes willen und damit letztlich im Interesse des angesprochenen Täters (nach dem Motto: Dumm, wer so nicht handelt). Dennoch ist zu fragen, warum die Gottähnlichkeit gerade so gefüllt wird (ähnlich Matthäus 5,45–48). Daran, daß dieses Gerechtigkeit (sozialer Ausgleich) ist, wird erkennbar: Für das Matthäus-Evangelium sind Wohlergehen und Seligkeit am Ende doch unteilbar. Was zunächst nach Egoismus des Gerechten nur zu seinen Gunsten aussieht, ist in Wahrheit der nötige Sozialausgleich für ein gerechtes Miteinander. Ohne diese Gerechtigkeit ist Gottes Reich nicht denkbar.

Für unsere Fragestellung ergibt sich daraus: In Matthäus 25,31ff liegt ein Zeugnis eines frühchristlichen Universalismus vor. Das Weltgericht erstreckt sich auf alle Menschen und wendet für alle dasselbe Kriterium an. Das Kriterium ist Gerechtigkeit im Sinne des Ausgleichens zwischen Arm und Reich usw. Der Vorzug der Christen besteht nun aber darin, daß sie dank des Hörenkönnens auf Jesu Wort und also dank des Matthäus-Evangeliums selbst um die Kriterien des Gerichtes schon jetzt wissen. Das in Matthäus 25,37–39 geschilderte Erstaunen *Herr, wann haben wir dich hungrig ... gesehen?* betrifft also nicht sie. Denn sie sind privilegiert, wissen es vorher und können sich darauf einrichten. Dafür sollten sie – im Sinne des Matthäus-Evangeliums – dankbar sein und das jetzt wenigstens tun, was da gefordert ist. Es wird ihnen zugetraut und zugemutet, daß sie dazu in der Lage sind.
Abgesehen von dieser Vorzugsrolle der Christen fällt auf, daß Gott oder der Menschensohn seine Rolle als Patron der

Armen, Nackten, Hungrigen und Fremden wirklich umfassend wahrnimmt. Ein Ruhekissen für Christen ist das Matthäus-Evangelium gewiß nicht. Im übrigen ist sein »Pathos« prophetischer Art, das heißt: Es lebt von der Spannung zwischen Bekennen und Handeln. Das Tun der Gerechtigkeit wird deshalb so betont, weil »Herr, Herr«-Sagen so viel einfacher ist (Matthäus 7,21–23). Daß die Anrufung des Herrn sinnlos sei, wird aber auch nicht gesagt. Man darf mithin die Appell-Struktur von Matthäus 25,31–46 nicht im Sinne der Konsequenzenmacherei verkennen; es geht nicht um eine atheistische Ethik, sonst wäre zum Beispiel auch das Vaterunser sinnlos. Rhetorisch gesehen hat das Stück die Funktion der sogenannten *peroratio*, in der nicht das Ganze wiederholt, sondern nur das, was dringend getan werden soll, eingeschärft wird.

Eine Alternative zwischen Christentum und Gerechtigkeit ist dem Matthäus-Evangelium fremd, vielmehr *ist* das Christentum der »Weg der Gerechtigkeit« (Matthäus 21,32). Der Weg Jesu ist der einzige, der in den Besitz des Himmelreiches führt, denn Jesus war gerecht, das heißt geduldig und sanftmütig. Jesus ist allein der Richter. Insofern gibt es Heil nur in Verbindung mit ihm. Aber dieses Heil steht allen offen, die an Niedrigen gerecht gehandelt haben.

Es wird deutlich, inwiefern das Christentum der einzige Weg ist und inwiefern nicht: Es gibt nur einen Weg, nämlich den, den Jesus vorgelebt hat, und es gibt nur einen, der über Heil und Unheil richtet, den Menschensohn Jesus, denn er war der Gerechte schlechthin. Darin ist das Matthäus-Evangelium ganz streng. Und die Christen sind die einzigen, die dank Jesu und des Matthäus-Evangeliums um diesen Weg wissen. Aber prinzipiell können ihn alle gehen und werden, wenn sie ihn gegangen sind, angenehm überrascht sein, so sagt es Jesus.

Die *Gegenwartsbedeutung* dieses Abschnittes liegt darin, daß hier für die Frage nach der Heilsmöglichkeit für alle eine Tür weit geöffnet wird. An der zentralen Rolle Jesu als Lehrer, Vorbild, Heiler und Richter kann andererseits kein Zweifel bestehen.

Diese Ausrichtung des Schlußgleichnisses Jesu nach dem Matthäus-Evangelium ist gerade auch für viele Christen ärgerlich, die an ihrem Glauben hängen. Dieser ist nämlich, folgt man Jesus nach Matthäus, nichts wert, es sei denn, er äußere sich in Gerechtigkeit. Matthäus 7,21 sagt es überdeutlich: *Nicht jeder, der mich als den Herrn bekennt, wird hineinkommen in das Himmelreich, allein wer den Willen meines himmlischen Vaters tut ...* Um dieses Tun des Willens betet deshalb das Vaterunser (Matthäus 6,10). Und weil das allein wichtig ist, werden auch Worte »gegen den Menschensohn« vergeben (Matthäus 12,32). Die letztgenannte Stelle ist daher das Gegengewicht zu Matthäus 7,21: Ob man sich in Worten bekennend oder mißbilligend zu Jesus verhält, das ist zweitrangig. Erstrangig ist das Tun. – Das ist überaus ärgerlich, gerade für Christen, die sich zu Werken nicht aufraffen können und sich auf die Betroffenheit oder ihren Glauben zurückziehen. Gerade zu solchen sind diese Sätze auch gesagt. Konsequenzenmacherei im Sinne »Wenn der Kirchenfeind nur genügend spendet, kommt er in den Himmel, und ich frommer Christ nicht« ist nicht im Sinne des Matthäus. Jesu Worte sind appellativ verstanden, nicht lehrhaft oder dogmatisch.

Auf Heimat verzichten
(Hebräer 11,1–12,3)

Glaube aber, das ist die Wirklichkeit des Erhofften, der Nachweis von Dingen, die man nicht sehen kann. ... Aufgrund des Glaubens hat Abel Gott ein besseres Opfer dargebracht als Kain. Deswegen hat er das Zeugnis erhalten, gerecht zu sein, das Gott ihm ausstellte, als er seine Gaben darbrachte. Und durch seinen Glauben redet er noch heute, obwohl er längst tot ist. Aufgrund des Glaubens ist Henoch in den Himmel ent-

*rückt worden, um den Tod nicht zu erfahren. ... Denn vor sei-
ner Entrückung war ihm das Zeugnis zuteil geworden, Gottes
Wohlgefallen erlangt zu haben. ... Aufgrund des Glaubens
wurden Noah von Gott Geschehnisse angekündigt, die noch
nicht zu sehen waren ... Sie, deren die Welt nicht wert war,
mußten umherirren in Wüsten und Gebirgen, in Höhlen und
Erdlöchern. Sie alle haben aufgrund ihres Glaubens ein gutes
Zeugnis in der Schrift erhalten, aber die Erfüllung der Verheißung nicht erlangt. Denn Gott hat für uns etwas Besseres
vorgesehen; so sollten sie nicht ohne uns zur Vollendung kommen. Weil uns denn also eine so große Wolke von Zeugen umgibt, wollen auch wir alles ablegen, was uns belastet, auch die
Sünde. ... Laßt uns das vor uns liegende Stück der Rennbahn
mit zäher Ausdauer zu Ende laufen im Aufblick zu Jesus, der
diesen Lauf des Glaubens anführt und bereits ans Ziel gelangt
ist.*

Die besondere Bedeutung dieses einzigartigen Kapitels im
Neuen Testament für unsere Frage besteht in folgendem:
Hier wird das Bild eines zum ewigen Ziel wandernden Got-
tesvolkes entworfen. Dieses Gottesvolk besteht aus Heiden,
Juden und Christen. Jesus ist der Anführer dieses langen Zuges, der seit Abel durch die Geschichte zieht. Wichtig dabei
ist: Der Glaube, den alle diese Menschen hatten, war nicht
Glaube an Jesus, auch nicht Glaube an den Gott der Väter.
Es heißt nur, man müsse, wolle man zu Gott hinzutreten,
glauben, daß »es ihn gibt« (und ein Gericht). Im übrigen
aber ist Glaube hier vor allem eine Kraft in den Menschen.
Glaube ist hier nicht in erster Linie Vertrauen (so zu übersetzen wäre zu sehr von Paulus her gedacht), sondern eine
von Gott geschenkte Wirklichkeit, eine Kraft vor allem zum
Durchhalten, zum Wagen, zum Widerspruch, zum Neinsagen. Die lange Beispielreihe in Hebräer 11 dokumentiert immer wieder aufs neue die Wundermacht dieses Glaubens.
Der Glaube erweist sich vor allem als die Kraft, die irdischen Güter für vorläufig zu halten und sich nach besseren

Dingen zu sehnen. Am Beispiel der Erzväter macht der Verfasser dieses deutlich: Sie bekannten, zeitlebens Pilger auf Erden zu sein, weil sie sich nach ihrer himmlischen Vaterstadt sehnten. Glaube ist daher die Kraft, in der Hoffnung auf den Himmel Irdisches zu verachten und in Geduld zu ertragen. Diese Kraft ist nicht an den christlichen Glauben gebunden. Der Verfasser des Hebräerbriefs sieht sie bei Heiden, Juden und Christen.

Zum anderen aber heißt es von allen Menschen vor Jesus, daß sie zwar glaubten, aber »nicht ohne uns zur Vollendung kommen« sollten, und daß Jesus Christus der Anführer dieses Zuges der Glaubenden ist, der als erster schon das himmlische Ziel erreicht hat. Sinngemäß mit Hebräer 10,20: Jesus ist die Tür, weil er als Mensch (Fleisch) für uns Mittler sein konnte. Denn nur ein Mensch konnte Hoherpriester für uns sein. Ohne Jesus hat daher niemand das himmlische Ziel des langen Zuges durch die Geschichte erreichen können. Insofern ist er der Anführer des Zuges der Glaubenden, aber auch derjenige, der zum Ziel führt.

So richtet der Glaube sich nicht auf Jesus, sondern auf Gott – denn die alten Heiden konnten noch nicht an Jesus glauben. Aber weil nur Jesus ohne Sünde war, konnte erst er Hoherpriester für alle sein. Seine Stellvertretung vor Gottes Thron gilt allen, die glauben und je geglaubt haben.

Ganz im Sinne von Hebräer 11 konnte daher auch Papst Johannes Paul II in seiner Enzyklika »Ut omnes unum sint« feststellen, daß dort, wo Menschen als Märtyrer für ihren Glauben sterben, volle Einheit der Kirche besteht, ganz gleich, welcher Konfession (und Religion?) sie angehören.

Für unsere Fragestellung ist dieses Kapitel des Hebräerbriefs besonders ertragreich. Denn einerseits legt es den Glauben aus als die Kraft, in der Hoffnung auf den Himmel Irdisches zu verachten und in Geduld zu ertragen. Diese Kraft hatten viele Menschen, Heiden, Juden und Christen. Und andererseits gibt es doch kein Heil ohne Jesus, da er der Mittler für alle Menschen ist.

Wir vergleichen Hebräer 11 mit Matthäus 25,31ff: Die Bedingung des Heils ist in beiden Texten universal formuliert, bei Matthäus als Gerechtigkeit/Erbarmen gegenüber den Notleidenden, in Hebräer 11 als Kraft des Glaubens zur Sehnsucht nach dem Himmel. Nach beiden Texten ist es allen Menschen möglich, diese Bedingung zu erfüllen. Die Christen haben es freilich leichter, weil sie (nach beiden Texten) Jesus als Vor- und Urbild haben, auf den sie blicken und an dessen gesamtem Weg sie sich orientieren können. Der Mittler des Heils ist nach beiden Texten Jesus, nach Matthäus 25 der Menschensohn, der zur Schar der Auserwählten stellt, nach Hebräer 11 Jesus als der Hohepriester, der Mittler aller Menschen.

Konkretion
Wanderndes Gottesvolk aus allen Völkern

Vor unseren Augen ziehen sie auf Erden gen Himmel wie ein langer, ununterbrochener Treck seit den ersten Tagen der Menschheit. Abel als erster Märtyrer, dann Henoch, Noah, Erzväter aller Menschen. Es folgen Juden. Dann aber weitet sich der Zug wieder: Wir sehen Menschen, die sich martern ließen für eine bessere Auferstehung, die in Höhlen wohnten und in Wüsten umherirrten, Menschen, derer die Welt nicht wert war. Alle diese haben eines gemeinsam: Sehnsucht nach der einen himmlischen Heimat. Diese grüßen sie von ferne, winken ihr zu als ihrer himmlischen Vaterstadt. Allem Reichtum ziehen sie die Hoffnung auf diese Stadt vor. Sie ist immer das Bessere, um dessentwillen sie alles Irdische stehen und liegen lassen. »Kirche seit Abel« hat man diesen langen Pilgerzug genannt, wanderndes Gottesvolk, Menschen, die unruhig blieben auf Erden, die nicht zu beruhigen und nicht zufriedenzustellen waren. Wir haben diese Ruhe noch nicht erreicht.

Einer durfte sich an die Spitze dieses Zuges setzen. Jesus hat das Ziel erreicht, dem sie alle, Heiden, Juden und

Christen, zustrebten. Sie hatten die Kraft dazu in ihrem Glauben, der wie ein Stück des Himmels selbst in ihnen war – eine Kraft, die die Menschen erfüllte und sie sich verweigern ließ, eine Kraft zum Widerstand. Diese Kraft der Schwachen, der Fremdlinge und Wüstenbewohner war und ist der frische Morgenwind in der brütenden Hitze der Geschichte. Sie war und ist wie Duft aus dem Paradies, von Vanille oder Basilikum, oder wie der Duft dunkel leuchtenden Weines inmitten der trüben, verdorbenen oder armseligen Mahlzeiten der Menschheit. Es war und ist die Kraft zum Neinsagen.

Wo immer Menschen ausbrechen aus dem Filz des immer Gleichen, heraustreten aus dem ewigen und hoffnungslosen Kreislauf von Geben und Nehmen, Grüßen und Wiedergegrüßtwerden, von Einladung und Gegeneinladung, wo immer Menschen den Mut haben, etwas zu riskieren, für das es hier nichts zu holen oder zu verdienen gibt – da geht es um die zukünftige Stadt, um die himmlische Heimat, wie Don Quijote eine zukünftige Stadt sucht. Man muß nicht an Jesus glauben, um zu diesem Gottesvolk zu gehören. Man sollte nur die Kraft haben zu einer Ahnung von Freiheit. Daß, wie Sören Kierkegaard es formuliert, der Flügelschlag der Wildgänse die zahmen Artgenossen unwillkürlich dazu anregt, auch selbst ein wenig mit den Flügeln zu schlagen. Denn der Zug der freien Wildgänse am Himmel ist für sie Ängstigung und Lockung zugleich.

Jesus hat das Ziel erreicht. So wäre es Rolle der Christen, anderen zu zeigen, daß es überhaupt noch etwas anderes gibt als Geld, Kummer, die vier begrenzten Wände und den Tod. Doch wir überlassen die Sehnsucht nach der grenzenlosen Freiheit über den Wolken lieber luftigen Schlagern, binden unsere Sehnsucht nicht mehr an die himmlische Stadt, sondern bestenfalls an ein Privatflugzeug.

Das wandernde Gottesvolk ist weiter und größer, als wir ahnen. Nur Gott weiß, wer dazu gehört. Aber alle Märtyrer aller Zeiten sind dazu eingeladen, sich in Jesus wiederzuerkennen. Alle Verzweiflung, in der Märtyrer über das Unrecht weinen, das ihnen angetan wird, kann bei Jesus wie unter einem Schutzmantel unterkommen.

Glaube aber ist ein Stück himmlischer Wirklichkeit selbst in diesen Menschen, ein Stück von Gott selbst, das sie behüten und beschützen und bewahren, für das sie einstehen mit ihrem Leben, damit es ihnen nur niemand entreißt.

Glaube ist es also gewesen bei den Revolutionären, deren verzehrende Sehnsucht auf eine ferne Utopie menschlichen Miteinanders gerichtet war.

Glaube ist es, wenn eine Frau ihren kranken Mann, wenn ungezählte Töchter ihre Eltern jahrzehntelang pflegen in schier unüberwindlicher Geduld.

Glaube ist es, wenn christliche Missionare lebenslänglich in chinesischen Gefängnissen einsitzen, unbesieglich in einem scheinbar vergeudeten Leben.

Glaube ist alle Sehnsucht nach Aufhebung der Grenzen angesichts unserer Kümmerlichkeit.

Glaube ist der Beweis dafür, daß es mehr gibt als Haus und Auto, Glaube ist der Funken des Darüberhinaus, der auch dann lebendig ist, wenn man fast nichts besitzt.

Glaube ist die geheime Kraft zum Widerstand gegen jede Tyrannei. Der Widerspruch gegen die Mächtigen kommt aus der Kraft dieser geheimnisvollen Sehnsucht.

Glaube ist ein anderes Wort für die unbesiegliche Hoffnung, aus der Stolz und Würde des Menschen gemacht sind.

Wo immer Menschen sind, die sich mit dem unsichtbaren Reich verbündet und verbrüdert haben, wo immer Menschen eine letzte große Hoffnung haben, die ihnen niemand mehr nehmen kann, dort ist Glaube. Denn alle diese letzten Hoffnungen sind nie klein, sondern immer groß und voll Würde.

Glaube ist die Fähigkeit, in finsterer Nacht das Morgenrot sehen zu können, und zwar an der richtigen Stelle. Wie Geschwister des Morgenrots sind die Glaubenden.

Glaube ist immer auch dort, wo sich unmerklich eine Sperre

oder Verhärtung löst – wie bei Sara, als sich ihr Mutterschoß öffnete für den Samen der Verheißung.

Glaube ist Tapferkeit gegenüber jedem Glanz, der nur irdisch ist, bedeutet Festhalten an der Hoffnung, die man zu früh abspeisen möchte.

Wer glaubt, ist nicht vereinnahmbar. Der Himmel, das Himmelreich – ein einfaches Wort für das Rätsel der vielen, die im unaufhörlichen Konflikt mit der Welt lebten und gestorben sind. Dieses Geheimnis ist die Mitte, für die sie lebten, eine Hoffnung scheinbar ohne Grund.

Christentum besteht eben darin: Für alle diese vielen Menschen aller Zeiten und aus allen Völkern gab es einen, der ihre Sehnsucht zum Ziel gebracht hat. Er hat den Sperriegel vor der Himmelstür geöffnet. Denn er kam aus dem Licht des Tages selbst. Er hat das Stahlgewölbe unseres Hoffens und Verzweifelns durchbrochen.

Er war ein Stück Himmel zum Anfassen. So ist ab jetzt erst ganz sicher: Die Hoffnung auf den Himmel ist keine Einbildung, sondern die Kraft, von der wir in Wahrheit alle leben.

Resultat zu Hebräer 11: Das Wirken Jesu ist im Sinne des Hebräerbriefs die »objektive« Voraussetzung dafür, daß alle, die bislang im Glauben warteten, nunmehr in den Himmel hineingehen können. Der »subjektive Grund« (der Glaube der Menschen) und die »objektive Ermöglichung« (Jesus) fallen hier auseinander. Die Glaubenden aus allen Völkern und Zeiten hatten im Glauben schon Anteil an der himmlischen Wirklichkeit Gottes.

Heil für die schon Verstorbenen
(1 Petrus 3–4)

Aus einigen sehr alten Zeugnissen des frühen Christentums geht hervor, daß man sich schon recht früh Gedanken darüber gemacht hat, ob die Menschen, die vor Christus lebten und ohne ihn starben, dennoch eine Möglichkeit hätten, das Heil zu empfangen. Diese Texte muten uns heute fremd an, doch wir können das frühe Christentum kaum verstehen, wenn wir nicht beachten, wie man gedacht hat. Die Grundauffassung ist, daß Gott sich in der Heilszeit, die ja jetzt angebrochen ist, auch der Toten erbarmen wird.

Der Weg, auf dem sich dieses Erbarmen vollziehen soll, besteht entweder darin, daß die lebenden Christen sich für die Toten taufen lassen, das heißt wohl: sich einem Reinigungsbad unterziehen und für das Heil der Toten beten. Paulus spielt in 1 Korinther 15,29 auf diese sogenannte Totentaufe an. Ich denke nicht, daß es sich dabei um ein automatisch ohne Zustimmung und Willen der Beteiligten wirkendes Sakrament handelte (das gab es, wenn überhaupt, dann erst später), sondern um Waschung und Gebet. Die Bedeutung der Waschung weist auf jüdischen Ursprung der Sitte (im Unterschied zu den Toten sollte der Beter rein und kultfähig sein).

Die andere Auffassung spiegelt sich in 1 Petrus 4,6 und 3,19f: Jesus habe nach seinem Tod (ob zwischen Tod und Auferstehung, das steht nicht da) den »Toten« das Evangelium gepredigt. Ähnliches wird in der alten Kirche dann schon früh von den Aposteln gesagt. Auch sie hätten nach ihrem irdischen Tod unter den Toten gewirkt und ihnen, wie Jesus nach 1 Petrus 4, den Geist göttlichen Lebens vermittelt. Später wurde daraus die Auffassung, Jesus habe zwischen Tod und Auferstehung das Reich des Todes bezwungen und die Hölle geleert.

Man weiß, daß nicht alle Menschen Jesus kannten oder durch die Mission erreichbar waren. Aber man hält daran fest: Nur durch Jesus kommt das Heil. Daß die Botschaft dennoch universal und für alle Menschen gedacht war, versuchte man dadurch zu bewahren, daß man wußte: Als Tote sind die Nichtchristen aller Jahrhunderte noch erreichbar. Sie sind nicht »abgetrennt« und »abgeschrieben«, man kann vielmehr wirksam für sie beten oder, wenn man selbst nach dem Tod dem unsichtbaren Reich angehört, zu ihnen gehen, damit sie Leben empfangen. Was uns heute als naiv erscheint, ist doch nur Folge einer anderen Einschätzung des Todes. Während für uns die Toten »weg« sind, bestehen sie für das Denken früher Christen in Reichweite fort, nur eben unsichtbar. Der Ort, an dem man sie sich dachte, ist auch nicht durchgehend unter der Erde vorgestellt, sondern bisweilen zwischen Himmel und Erde (wie Epheser 2,2).

Resultate

Es gibt viele Texte im Neuen Testament, die davon ausgehen: Nur wer glaubt und sich taufen läßt, wird gerettet. – Diese Texte standen jetzt nicht zur Diskussion, sondern andere Aussagen, die erkennen lassen, daß man sich über die Möglichkeiten Gedanken gemacht hat, die für alle anderen, außerhalb des Christentums stehenden Menschen gegeben sind. Die besprochenen Texte bejahen alle diese Möglichkeiten. Gleichzeitig halten sie alle daran fest, daß das Heil nur durch Jesus Christus zugänglich wird (oder durch das fürbittende bzw. verkündigende Tun von Christen).

Keiner dieser Texte sagt etwas über andere Religionen. Im Blick stehen nur die einzelnen Menschen, so wie sie eben auch einzeln gerichtet werden (auch in 1 Petrus 4,6 wird noch auf die Gerichtsvorstellung angespielt).

Im frühen Christentum wird die Mittlerrolle Jesu Christi noch konsequenter durchdacht, wenn Jesus auch der Schöpfungsmittler ist (Johannes 1,1f; Kolosser 1,16ff; Hebräer 1,3f). In diesen Fällen ist die einzigartige und unüberholbare Rolle Jesu Christi auch in der »Vorgeschichte« begründet.

Trotzdem fällt auf, daß die oben genannten Texte zwar das Heil exklusiv an Jesus Christus binden, nicht aber das Christsein selbst als den einzig möglichen Weg zum Heil ansehen. Die Ursache für diese (vielleicht scheinbare) Diskrepanz liegt in zwei sich widerstreitenden Tendenzen: Im Blick auf Gericht und Vollendung versteht sich das frühe Christentum als Einlöser der universalen Verheißungen Gottes. Andererseits bleibt der Anspruch des jüdischen Gottes der Väter nach dem Ersten Gebot bestehen, wird auf Jesus Christus übertragen und dadurch verschärft und verstärkt. Ganz anders ist hingegen das Urteil der frühchristlichen Texte über andere Religionen.

3. TEIL

Absolutheit

Nachdem wir im zweiten Teil die offene, universalistische Seite der christlichen Verkündigung dargestellt haben, wenden wir uns hier der partikularen Seite zu.

Spricht Gott auch außerhalb der biblischen Religion?

Das Problem

Daß Gott, der Schöpfer, nicht nur in Israel und in der Kirche wirkt, ist allgemeiner Juden- und Christenglaube. Er erhält die Schöpfung.

Ob er auch außerhalb der biblischen Religion gesprochen hat, und spricht, ist eine schon weitergehende Frage. Spricht Gott auch zu Heiden? Nun ist es ohnehin ein schwieriges Problem, wie man sich Gottes Sprechen vorstellen soll. Die moderne Theologie kämpft förmlich um den Offenbarungsbegriff. Jedenfalls muß klar sein: Das meiste weiß auch der Theologe nicht (vgl. den Abschnitt »Gottes Wort« im Schlußteil, S. 202ff). Ihm wird es daher nicht einfallen, Gott gewissermaßen einen Maulkorb umzuhängen. Aber positiv nachweisen oder eindeutig bestreiten kann er nichts.

Gott spricht zu Heiden

Die Bibel selbst läßt keineswegs im Unklaren darüber, daß Gott immer wieder zu Heiden spricht. Bis hin zu Abraham hatte Gott es ohnehin nur mit Nichtjuden zu tun. Als Abraham berufen wird, ist er Heide; das Frühjudentum macht ihn deshalb zum ersten Proselyten, das heißt zum ersten, der sich zu diesem Gott bekehrt hat. Auch im Neuen Testament ist das nicht anders. Nach Apostelgeschichte 10,3f erscheint der Engel des Herrn dem heidnischen Hauptmann Kornelius und spricht mit ihm. Nach Matthäus 2,2 werden die heidnischen Magier durch Gottes Stern geleitet, nach 2,12 wird ihnen (durch Gott) im Traum gesagt, sie sollten auf einem anderen Weg in ihr Land zurückkehren.

Nach frühjüdischer Ansicht spricht Gott durch heidnische Frauen, die Sibyllen, zu den Heiden, er inspiriert sie mit Gerichtspredigten, damit die Heiden sich zu ihm, dem einen und einzigen Gott, bekehren. Bekehrungsvisionen werden nicht nur für Abraham, sondern auch für den Heiden Hiob und das heidnische Mädchen Aseneth überliefert, die Joseph heiraten will.

Es wird daher völlig deutlich: Gott spricht nicht nur zu Heiden, er oder seine Engel erscheinen ihnen auch in Visionen. Diese sogenannten Bekehrungsvisionen sind oft durch die Elemente Licht und Stimme gekennzeichnet.

Es ist daher ganz deutlich,

– daß Gott immer wieder auch zu Heiden spricht;

– daß die heidnischen Religionen als Religionen nicht seine Offenbarungen sind, vielmehr Gottes Offenbarungen die Menschen immer dazu bringen, die heidnischen Götter zu verlassen und allein den einzigen Gott zu verehren;

– daß Gott also an der Schwelle zum Judentum bzw. Christentum mit Heiden spricht und nicht innerhalb der heidnischen Religion.

– Das gilt auch dann, wenn Gott in Formen zu den Menschen spricht, die im weiteren Sinn zur heidnischen Religion gehören. So ist der Stern, der nach Matthäus 2,2 die Magier führt, im Rahmen heidnischer Astrologie zu begreifen.

Wenn nach Apostelgeschichte 17 Heiden dem »unbekannten Gott«, der nun durch Paulus einen Namen bekam, einen Altar errichtet hatten, so war das nicht Folge einer Offenbarung, sondern Ausdruck des Suchens danach (s. S. 175ff).

Daß der eine und einzige Gott sich auch in anderen Religionen offenbare, kann man im Sinne der Bibel keineswegs behaupten. Zwar hat Gott sich nach Apostelgeschichte 14,17 den Heiden »nicht unbezeugt« gelassen (zum Beispiel in der Schöpfung). Aber er offenbart sich nicht in anderen Religionen. Sie sind als Religionen weiße Flecken auf der Landkarte seines Wirken.

Offenbarung in der Zeit nach Jesus Christus?

Im übrigen sei bemerkt, daß – in gewisser Spannung zu Hebräer 1,2 *(Gott hat am Ende dieser Tage zu uns durch den Sohn gesprochen)* – Gott auch weiterhin spricht, zum Beispiel in Offenbarung 1,8; 21,6. Der Gegensatz zu Hebräer 1 ist freilich nur scheinbar. Denn Hebräer 1 sagt gar nicht, daß es sich beim Sohn um Gottes letzte Worte gehandelt habe; es geht um den Rang dieser Worte, der darin besteht, daß sie nicht durch Propheten, sondern durch den Sohn ergingen. Auch faßt die Offenbarung des Johannes die genannten Gottesworte durch die Rahmung der Schrift als »Offenbarung Jesu Christi« (Offenbarung 1,1; 22,16), so daß hier zwar nicht der irdische, wohl aber der erhöhte Jesus spricht.

Im »Hirten des Hermas«, einer christlichen Offenbarungsschrift, um 120 n. Chr. in Rom entstanden, erscheint und spricht unter anderem ein als Hirte sichtbarer Engel mit Hermas, wohl dem Bruder des römischen Bischofs. In dieser umfangreichen Schrift kommt Jesus nur am Rande vor. Sie gehörte in einigen christlichen Kirchen längere Zeit zum Kanon des Neuen Testaments. Hätte man sie im Kanon belassen, wozu sich freilich die römische Kirche dann nicht entschieden hat, so wäre das ein Präzedenzfall für die Bewertung von Offenbarung gewesen, die eindeutig nach Jesus Christus und sogar ohne intensive Bezugnahme auf ihn ergangen wäre. Das Problem »Koran als Offenbarungsschrift« wäre von hier aus noch einmal neu zu überlegen gewesen. (Der absolute Vorrang Mohammeds und Mißverständnisse über Jesus – beides so im Koran – stellten dann freilich zusätzliche inhaltliche Probleme.)

Schließlich ist das ganze frühe und späte Mittelalter voll von Offenbarungen, besonders solchen an fromme Frauen gerichteten (zum Beispiel Mystik in den Klöstern der Dominikanerinnen; Offenbarungen der Hl. Brigitta von Schweden). Was also ist maßgebliche Offenbarung? Nach neutestamentlichem Verständnis ist Offenbarung auf fundamentaler, erstrangiger Ebene Jesus Christus selbst – als Gefäß des Logos Gottes. Alle weitere Rede von Offenbarung ist nur zweitrangig und kann nur den Widerschein der Offenbarung in Jesus Christus selbst betreffen. Die Kirche hat entschieden, daß dieses bei den Schriften, die sie zum Kanon des Neuen Testaments zusammengefaßt hat, der Fall sei. Diese Schriften sieht sie als für den Zugang zu Jesus verbindlich an. Auf einer dritten Ebene rechnet die Kirche dann mit einer Fülle von mehr oder weniger privaten Offenbarungen, die aber nicht allgemein verbindlich sind.

Wir halten fest: Dem Willen Gottes, sich direkt (nicht nur durch sein Schöpferwalten, vgl. Apostelgeschichte 14,17) zu offenbaren, kann kein Mensch eine Grenze setzen. Wir müssen zugeben, daß wir hier fast nichts wissen. In diesem Rahmen heißt Christsein: annehmen, daß Gott sich in Jesus Christus auf einmalige Weise in der Person eines Menschen geoffenbart hat. Diese Weise wird nur dadurch überboten werden, daß am Ende Gott selbst »alles in allem« sein wird (1 Korinther 15,29). Die Offenbarung in Jesus Christus ist im Prinzip von der gleichen Art wie diese Schluß-Offenbarung: Gott ist lokal in der Welt anwesend; so wie Jesus Gottes Ort und Tempel war, wird es dann die ganze Welt sein.

Da nach dem Zeugnis der Schrift alles Reden und Handeln Gottes außerhalb von Bibel und Gottesvolk doch nur diesem zugeordnet ist und an der Schwelle zu ihm geschieht, besteht von der Bibel her gesehen keine Chance, ein Sich-Offenbaren Gottes in anderen Religionen als Religionen anzunehmen. Über die Bibel hinaus aber wissen wir überhaupt nichts.

Erlösung allein durch Jesus Christus?

Für einen Christen ist es ausgeschlossen, außer Jesus Christus andere, ihm gleichrangige Erlösergestalten anzunehmen, auch nicht in anderen Religionen und für deren Anhänger. Ausgeschlossen ist daher auch die Position, daß man sagt: Für Christen ist Jesus der Heiland, für andere mögen es andere sein.

Das rührt unter anderem daher, daß das Neue Testament eben gerade die Erlösung durch Jesus Christus mit universalem Missionsanspruch verknüpft und daß es sogar mehrfach dafür vorgesorgt hat, daß Jesus Christus auch Erlöser derer sein kann, die nicht an ihn glauben. Gerade durch das Letztere wird die exklusive Rolle Jesu festgeschrieben.

Die Frage ist letztlich, ob die Zentrierung des Neuen Testaments auf Israel und Jesus durch spätere christliche Einsichten korrigierbar ist oder nicht.

Jesus Erlöser auch der Nicht-Christen

Nach Matthäus 25,31–46 ist Jesus als universaler Richter derjenige, der allen denen das Heil zuspricht, die sich um mehr Gerechtigkeit in der Welt gemüht haben.

Nach Hebräer 11,1–12,3 ist Jesus universaler Hoherpriester und Heilsmittler für alle, die je die Welt und ihre Vorzüge um eines unsichtbaren, himmlischen Gutes willen verachtet haben. Er führt alle die in den Himmel, die die Existenz von Märtyrern und Asketen geführt haben.

Nach den frühchristlichen Aussagen über Jesu Wirken unter

den Toten hat er diesen Leben bei Gott vermittelt und damit das Heil.

In den ersten beiden Texten werden konkrete Bedingungen genannt, unter denen Jesu Mittlerstellung wirksam werden kann. Keineswegs geschieht sie automatisch. – Die Texte über Jesu Wirken unter den Toten sind für die Frage nach der Bedingung auf seiten der Menschen zu wenig ergiebig.

Überdies wurde ausdrücklich über die Rolle der durch Jesus geheiligten Christen für den Segen zugunsten der Völker gesprochen.

Zentrierung auf Jesus korrigierbar?

Altes und Neues Testament betrachten das erwählte Volk Israel als den Nabel der Welt, und im Neuen Testament wird von Jesus gar Schöpfungsmittlerschaft und die Rolle als Weltenrichter behauptet. Ist das alles unrettbar egozentrisch? Ist das nicht ein Muster ärgerlicher Intoleranz in einer toleranten Welt?

Es ist durchaus so, daß die Zentrierung der Heilsgeschichte um Israel herum im Neuen Testament in der Zentrierung um Jesus Christus fortgesetzt und auf die Spitze getrieben wird.

Eine Korrektur ist deshalb indiskutabel, weil das Erste Gebot des Dekalogs klare Grenzen setzt.

Das absolute Ärgernis, daß hier ein Gott der einzige sein will, ein Volk das einzige Eigentumsvolk dieses Gottes und Jesus Christus der einzige Erlöser und Vollender, bleibt also bestehen. Menschen haben sich diese Rolle des auserwählten Volkes wohl ebensowenig ausgedacht, wie Jesus sich seine Rolle gewünscht haben mag. Denn die Rolle des Einzigen bringt in einer nicht erst heute pluralistischen Gesellschaft immer nur Ärger, Leid, Verfolgung und Martyrium mit sich. Fast könnte man sagen: Wenn es einmal anders sein sollte, stimmt irgend etwas nicht.

Hier ist die absolute Grenze allen Ökumenismus erreicht.

Die bleibende Bindung an Israel

Keine Rechnung ohne den Wirt

In der neueren Diskussion über die Absolutheit des Christentums bzw. darüber, daß diese nicht mehr gelten solle, spielt die Argumentation mit dem Alten Testament, genauer: mit der Zugehörigkeit der Christen zu Gottes einzigem Ölbaum (Römer 11), keine erkennbare Rolle. Fast durchgehend tut man so, als könnten die Christen ihr Verhältnis zu anderen Religionen und deren Göttern unabhängig davon regeln, daß das Alte Testament die erste Hälfte der Schrift ausmacht. Dabei geht auch aus dem Neuen Testament zweifelsfrei hervor, daß die Heidenchristen überhaupt nur deshalb eine Heilschance besitzen, weil sie auf besonderem Wege Kinder Abrahams geworden sind. Am Bild des Ölbaums kann Paulus deutlich machen: Auf den Verheißungen an die Väter Abraham, Isaak und Jakob ruht die gesamte folgende Geschichte des Heils. Nur wer ihr Kind ist oder wird, betritt den Raum, in dem diese Verheißungen gelten. So zeigt Paulus in Römer 4 und Galater 3, daß die Heiden nicht einfach als Heiden zum Gott Israels in Beziehung treten können, sondern nur, indem sie so oder so Kinder Abrahams werden, zum Beispiel durch Nachahmung seines Glaubens. Denn alle Verheißung gilt ihm und seinem Samen. So kann Paulus im Blick auf die Wurzel des Ölbaums (die Erzväter) die Heidenchristen mahnen: *Wenn nun einige Zweige ausgebrochen wurden und dafür du, ein Zweig vom wilden Ölbaum, unter sie eingepfropft und mit der nährenden Wurzel des edlen Ölbaums verbunden worden bist, so prahle nicht gegen jene Zweige! Solltest du aber doch prahlen wollen – (nun: so bedenke:) Nicht du trägst die Wurzel, sondern die Wurzel trägt dich* (Römer 11,17–18).

Für den christlichen Universalismus heißt das: Als Heidenchristen können wir »die Rechnung nicht ohne den Wirt machen«, nämlich nicht gegen die heiligen Spielregeln verstoßen, aufgrund derer wir überhaupt nur als Hinzugenommene Bleiberecht im Gottesvolk haben. Als nicht-edle Zweige sind wir in den edlen Ölbaum der Abrahamskinder nur auf dem Gnadenwege eingepfropft. Dessen sollten wir eingedenk sein, auch wenn es um die Frage der Absolutheit des Christentums geht.

Der eifersüchtige Gott

Da das Christentum nicht ortlos als eine Summe humaner Ideen existiert, sondern einen sehr besonderen Gott bekennt, darf man als christlicher Theologe nicht seinen Status vergessen und ganz über seine Verhältnisse leben, was die großzügige Anerkennung anderer Religionen betrifft. Gewiß meint niemand, daß »die Heiden« hab- und sexgierig sind und nur das Wahre nachäffen. Aber schon das Letztgenannte galt sehr wohl, wie schon angedeutet, für zwei große totalitäre Parteien in diesem Jahrhundert.

Der sehr besondere Charakter des biblischen Gottes kommt in einem Bild am besten zum Ausdruck: Dieser Gott lebt nicht mit seiner Frau zusammen fröhlich im Himmel wie der Hochadel auf seinen Landgütern. Er ist vielmehr nicht verheiratet, und anstelle einer Göttin ist Israel seine Partnerin. Untreue, zärtliche Zuwendung, Enttäuschung und immer neue Versuche, den anderen zu gewinnen oder zu »halten« – das alles spielt im Rahmen dieses Ehebundes. Immer wieder lautet das Argument: Möchtest du, daß deine Geliebte jede Menge anderer Liebhaber hat? Das Urteil über Fremdreligionen kommt demnach zustande auf der Basis der latenten und andauernden Verführbarkeit durch andere. Kritisiert wird damit ein synkretistisches Verhalten, das in der Umwelt Israels gängig war. Jeder fremde, neue Gott, dessen Anrufung sich bewährte, konnte zu bestehenden religiösen »Bindungen« kooptiert werden. Die Addition der Götter und Kulte war gang und gäbe, vergleichbar am ehesten dem Bild einer ausufernden Verehrung verschiedenster Heiliger, die – wohlgemerkt: auf einer Etage tiefer, nämlich *unter* dem einen Gott – zu Zeiten im Christentum üblich war.

Die Konsequenz dieses eheähnlichen Verhältnisses zwischen Gott und Volk ist eine einzigartige Zugehörigkeit des Volks zu diesem Gott. Immer tiefer begreift Israel, daß diese Zugehörigkeit wesentlich die eigene kollektive Identität bestimmt.

Nun ist die Treue gegenüber dem biblischen Gott die eine Sache, die Beurteilung anderer Religionen aber die andere. Kann man nicht einerseits dem biblischen Gott treu sein, anderen Religionen aber durchaus einen göttlichen Charakter zugestehen? Diese Frage wird uns in der Folge beschäftigen. Das Ziel unseres Weges soll sein, einen Toleranzbegriff zu finden, der es sehr wohl möglich macht, dem eifersüchtigen Gott treu zu sein. An dieser Stelle dazu zunächst folgende Bemerkungen.

Leben und Tod

Der biblische Gott ist, das begreift Israel im Lauf der Jahrhunderte, nicht deshalb eifersüchtig, weil er besonders unsicher und tyrannisch ist, sondern weil er der Schöpfer ist und damit der Herr über Leben und Tod. Als der Schöpfer ist er der Ursprung des Lebens. Daher wird er immer wieder als Arzt in jeder Hinsicht begriffen. Da er der Schöpfer ist, besteht aber die Beziehung zu ihm auch nicht nur in Einhaltung kultischer Regeln und Tabus. Die Gesetze, die er gibt, betreffen die Art, in der Israel sich der Schöpfung einfügen und gleichzeitig sich als weibliche Partnerin Jahwes in Ordnung halten soll. Die Intoleranz des biblischen Gottes kommt also daher, daß die Frage Leben oder Tod mit diesem Gott und seinen Gesetzen verknüpft worden ist. Wenn dieser Gott Quell des Lebens ist, dann gibt es außerhalb seiner und seiner Regeln nur Wüste und Tod. – Nur von daher ist auch das Urteil Th. Sundermeiers zur Frage, ob es außerhalb der Kirche in den anderen Religionen Heil gibt,

zu verstehen: »Auf dem hier skizzierten Weg und dem Wahrheitsverständnis ›von unten‹« ist solch ein Urteil *nicht* abzugeben, das über das Urteil Israels hinausgeht.« (Evangelisation und die »Wahrheit der Religionen«, in: R. Bernhardt [Hg.]: Horizontüberschreitung, 1991, 175–190, 187).

Der schmale Weg

Der Weg Gottes mit seinem Volk läßt erkennen: Weder im Alten noch im Neuen Testament ist der Gegenstand von Gottes Zuwendung einfach die allgemeine Menschheit.
Für Paulus zum Beispiel (Römer 9,6–13) stellt sich Gottes Handeln am Menschen eher so dar, daß der Kreis derer, die Gott liebt und erwählt, immer nur eine Auswahl aus einer größeren Menge ist, *und das gilt auch für das Christentum:* Nur Isaak und nicht andere Kinder Abrahams, nur Jakob und nicht Esau, nur die Judenchristen jetzt und nicht die Juden allgemein sind die jeweils bevorzugten Partner Gottes. Zu keinem Zeitpunkt sind es alle, von denen man es sich hätte denken können. Gottes Weg mit den Menschen ist so immer auf einer Schmalspur verlaufen. Nur Abraham und nicht der Rest der Menschen, nur Jesus Christus und niemand anders in Israel war Partner Gottes. Auch Jesus, der Messias, folgt der Regel der schmalen Spur, denn er heilt nicht alle, erreicht nicht alle.
Der Gott Israels scheint geradezu eine Furcht vor dem Allgemeinen zu haben, vor dem Nebulösen und Undefinierbaren. Er will sich festlegen, will verbindlich und nicht unverbindlich sein. Das wirkt er durch Erwählen und konkrete Forderungen. So geht es immer um das »Hier und Jetzt« – im Handeln Gottes und in dem, was von den Menschen erwartet wird. Der Anspruch ist unausweichlich. Die Menschen haben keinen Raum für ihre Entschuldigungen, und daher wird dieser Anspruch als anstößig empfunden. Denn beides gehört zusammen: das Erste Gebot und die unaus-

weichliche endliche Situation. Der Gott Israels steht nicht für eine allgemeine Menschheits- und Fernstenliebe, sondern für das Ja zu begrenzter Endlichkeit. In eben diesem Sinne kann aber auch jeder einzelne begrenzte und endliche Mensch vor Gott »vorkommen«.

Es wird gut erkennbar, wie das biblische Gottesverständnis mit dem prophetischen Charakter des Christentums als ethischer Religion zusammenhängt. Es ist die Unausweichlichkeit, die es nicht erlaubt, sich durchs Leben zu schlängeln, indem man mal mit dem einen, mal mit dem anderen Gott paktiert und vielleicht beide gegeneinander ausspielt. Diese Unausweichlichkeit hat speziell den Wahrheitszeugen und Bekenner hervorgebracht. Denn jedem Alleinherrscher auf Erden muß der Anspruch des einen und einzigen Gottes ein Dorn im Auge sein.

Angesichts dieses Befundes ist natürlich zu fragen, wie dann die frühchristliche Religion überhaupt den Anspruch des Allgemeinen wahrnehmen konnte. Mit der frühchristlichen apokalyptischen Eschatologie und mit christlicher universaler Mission im Vorfeld der Endereignisse (Markus 13,10: *Allen Völkern muß zuerst das Evangelium verkündet werden*) hatte sich das Problem der Universalität auf jeden Fall neu gestellt und war neu zu beantworten.

Wie schon bemerkt, stoßen gerade im frühen Christentum zwei entgegengesetzte Tendenzen besonders deutlich aufeinander: der partikulare Weg der Auserwählung, der prinzipiell beibehalten wird, und der universale Weg der Öffnung auf die ganze Welt hin, der gerade durch das Christentum neu geschaffen wurde. Die Frage des Pluralismus ist daher in einem ersten Anlauf hinsichtlich der Pluralität (nicht: des Pluralismus) im frühen Christentum zu deuten.

Daß das Evangelium von dem *einen* Gott und seinem *einzigen* Sohn Jesus Christus an *viele* Völker gerichtet war und ist, hat in der Geschichte des frühen Christentums und noch mehr in deren schriftlichen Niederschlägen im Corpus des Neuen Testaments unaustilgbare Spuren hinterlassen. Die erste Folge ist: Frühchristliche Theologie gibt es nur in der Vielzahl der neutestamentlichen Schriften, und das heißt: in Gestalt von rund dreizehn verschiedenen theologischen Ansätzen und Positionen. Diese Verschiedenheit ist nicht zu harmonisieren, und man muß sich die Entstehung der unterschiedlichen Positionen wohl vorstellen wie eine Explosion (dargestellt in meiner »Theologiegeschichte des Urchristentums«, 2. Aufl. 1995).

Ebenso erstaunlich wie die Entstehung der Divergenz ist das, was sich dann ereignet: Die Schriften werden gesammelt, und in, mit und unter dieser Zusammenstellung entstand die Einheit der Alten Kirche. Diese Einheit ist von Anfang an ein gegenseitiges Akzeptieren unterschiedlicher Positionen.

Dennoch ist klar: Diese Pluralität gibt es nur auf der zweiten Ebene. Es gibt einen Grundstock verbindender Aussagen, die in allen Positionen vorkommen. Das Ganze ist vorzustellen wie ein Baum, der sich in zahlreiche Äste verzweigt, der aber einen festen Stamm besitzt, eben die Gemeinsamkeiten aller frühchristlicher Gemeinden. Zum festen Stamm gehört: Der Gott der Christen ist der Gott Jesu Christi, und das ist kein anderer als der Gott der Väter. Der zweite Teil des Pfingstgeschehens nach Apostelgeschichte 2 ist die Antwort auf die Frage, welche Garantie es eigentlich dafür gibt, daß die einzelnen Übersetzungen der Botschaft wirklich im Stamm eins sind, wirklich recht verstanden haben. Die Antwort: Mit menschlichen Mitteln und Wegen ist eine solche Identität nicht aufweisbar. Sie ist Geschenk des heiligen Geistes.

Daß das Problem der Pluralität überhaupt im frühen Christentum auftaucht, ist mit der Zuwendung zu den Völkern gegeben. Anders als bei Juden und Judenchristen ist bei den Heidenchristen eine natürliche kollektive Identität (durch Abstammung) nicht gegeben. Weil diese natürliche Geborgenheit fehlt, werden schnell Ersatzgrößen gesucht. Hier genau ist der Ort des Glaubens an den Heiligen Geist. Denn er hebt die trennenden Grenzen auf (Galater 3,28f; 1 Korinther 12,10; Kolosser 3,2) und garantiert die Einheit, und zwar nicht nur zu Pfingsten.

Zum Thema Pluralität gehört auch der großartige Satz Markus 9,40: *Wer nicht gegen uns ist, der ist für uns.* Doch man bedenke den Kontext: Nach 9,38 handelt es sich um einen Exorzisten, der im Namen Jesu Geister austreibt. Damit ist die Bedingung angegeben: Wo sein Name genannt wird, da ist er selbst am Werk. Ähnlich ist nach Matthäus 18,20 das Anrufen des Namens Jesu auch Bedingung für seine Gegenwart unter Jüngern.

Anders als die außerchristlich geführte moderne Diskussion über Mythen wahrhaben wollte, ist die Bibel auch im ganzen keineswegs ein Mono-Mythos, nach dem immer nur dieselbe bekannte Geschichte vom siegreichen einen Gott erzählt würde. Sie ist begrenzte Polymythie. Es gibt viele Erzählungen, und der Ausgang ist nicht überall der gleiche.

Resultat: Die urchristliche Vielfalt ist sehr beachtenswert. Sie ist in ihrer Bedeutung als Vorbild missionarischen Sich-Einlassens auf unterschiedliche Kulturen noch längst nicht ausgeschöpft.

Der Absolutheitsanspruch des Christentums

Nach allem, was bisher in diesem Buch zum Thema bemerkt worden ist, kann es nicht Aufgabe der Theologie sein, auf Kosten anderer Religionen einen wie immer gearteten Absolutheitsanspruch des Christentums »objektiv« mit für jedermann nachprüfbaren Argumenten zu erweisen. Wenn dennoch ein Kapitel unter dieser Überschrift geschrieben wird, dann kann es nur um Dinge gehen, die nicht die individuelle Liebe des Gläubigen zu seiner Religion betreffen, sondern die man dem Christentum auch von außen gewissermaßen ansieht und worüber man sich mit Angehörigen anderer Religionen auch verständigen könnte. Gemeint sind folgende Züge der Einzigartigkeit des christlichen Glaubens:

Historisch einmalig

Das Christentum ist eine einmalige historische Erscheinung mit eigenem Profil und einer sehr individuellen Geschichte. In diesem historischen Sinne ist jedes geschichtliche Individuum, also auch eine Korporation wie die Kirche, unverwechselbar und strikt einmalig, unwiederholbar und als »Zeichen für die Völker« gut erkennbar.
Hierüber gibt es wohl keine Meinungsverschiedenheiten.

Einmalig durch Evidenz

Die Wahrheit des Christentums besteht de facto nur genausoweit, wie seine Überzeugungskraft reicht. Wenn sich jemand zu dieser Lebensform bekennt, dann in der Regel deshalb, weil sie ihm mehr oder weniger evident erscheint, das heißt, weil sie ihn überzeugen konnte. Christentum ist dann für den oder die Betreffenden absolut wahr. Immer wieder ist betont worden, daß man anders auch gar nicht beten oder singen kann.
Evident ist das Christentum also für denjenigen, der meint, in dieser Religion und mit diesem Gott besser leben und sterben zu können als irgendwo anders. In diesem Sinn ist es für ihn einmalig.

Judentum und Christentum sehen den Menschen nicht gefahrlos und relativ sicher dahinleben. Ihr Menschenbild ist anders: Der Mensch ist gefährdet durch sehr viele Krankheiten zum Tode, und Gott und seine Gesandten (inklusive Seelsorger) verstehen sich als Notärzte auf einer Notfallstation. Der Mensch bedarf schneller Hilfe, denn sein Leben ist kurz, stets kürzer, als er denkt. Das bedeutet für unsere Fragestellung: Die berühmte »Religionsfreiheit«, zum Beispiel praktiziert von den deutschen Reichsstädten in der Reformationszeit, die sich die Bücher der Konfessionen kommen ließen, um sie in Ruhe zu studieren und dann darüber zu befinden, für welche Konfession man sich entscheiden sollte, ist für biblisches Denken kein Thema. Nach eigenem Selbstverständnis ist die Begegnung mit dem Evangelium in jedem Fall eine Krisensituation, in der die Entscheidung über »alles oder nichts«, Leben oder Tod fällt. Das ist nicht nur im Evangelium nach Johannes und bei Paulus so. Weil die Zeit so kurz ist, weil Gott so nahe ist und das Angebot so wichtig, ist die Begegnung mit dem Evangelium die »absolute Situation«. Ein Symptom: Jesus gibt seinen Jüngern noch nicht einmal Zeit zum Abschiednehmen (Lukas 9,59–62). Absolut ist daher das Christentum insofern, als es in die absolute Situation führt.

Universal und eschatologisch

Der Gott des Alten Testaments und der Gott Jesu Christi versteht sich als Schöpfer und Erlöser der gesamten Kreatur. Von daher beansprucht er ein universales Eigentumsrecht wie auch die Macht zu universaler Befreiung. Wieweit andere Götter oder Religionen solches oder ähnliches wollen, das interessiert deshalb nicht, weil kein Gott mehr beanspruchen und wollen kann. Sowohl eigentumsrechtlich als auch in der zeitlichen Erstreckung ist daher hier das Maximum gegeben. Der Anspruch ist insofern unüberbietbar. Er äußert sich auch darin, daß dieser Gott über alle Menschen richten will. In der jeweiligen Gegenwart kann sich das als radikale prophetische Kritik äußern, die vor nichts haltmacht.

Auf den ganzen Menschen gerichtet

Nach 5 Mose 6,4f beansprucht der Gott Israels den Menschen ganz, und zwar sein ganzes Herz, seine ganze Kraft und alles, was er hat und ist. Diese Stelle wird im Neuen Testament wiederholt und auch hier im Sinne der Liebe gedeutet (Markus 12,30). – Die hier angesprochene Radikalität ist unüberbietbar. Nach 1 Korinther 13,3 ist selbst das Martyrium noch gering einzustufen gegenüber der Größe der geforderten und geschenkten Liebe. Da diese Ganzheit nichts auslassen kann, sind Judentum wie Christentum hier strukturell »absolut«. Gerade der Pharisäismus zur Zeit des Neuen Testaments betont dieses.

Stellvertretung

Die von der biblischen Religion selbst angebotene Kategorie der Fürbitte und des Gesegnetwerdens der anderen »in« und »bei« dem Gottesvolk eröffnet eine besondere Dimension der Universalität. Dazu wird im nächsten Abschnitt mehr gesagt.

Resultat

In der bisherigen Forschung wird das Thema »Absolutheit« zumeist durch die Stichworte »Doxologie« und »Sprache der Liebenden« bestimmt. Das heißt: Da es sich um das Heilige und Göttliche handle, könne jeder Gläubige nur in der Sprache absoluter Lobpreisung reagieren. Diese Sprache sei mit der der Liebenden vergleichbar, also: religiös verständlich, ehrlich, relativ berechtigt und gänzlich subjektiv. – Das ist nun offenbar zu wenig. Denn anders als in einer Liebesgeschichte geht es nicht um eine Zweierbeziehung, die exklusiv von der Subjektivität (»Herz«) zweier Liebender getragen ist. Die biblische Religion enthält Elemente, die mit der Klassifizierung »subjektiv berechtigt(er Überschwang)« nicht getroffen sind. Gerade dort nämlich, wo in der Bibel das Bild der Ehe das Verhältnis Gott – Mensch beschreibt, geht es nicht um Subjektivität, sondern um Gott und sein Volk. Die Art, in der Propheten im Rahmen dieser Beziehung Recht und Gerechtigkeit anmahnen, hat mit Subjektivität nichts zu tun. Die Dimension des Bundes betrifft nämlich international gültiges Vertragsrecht. Das heißt: Gerade nicht das Subjektive und nur »Gefühlte« steht bei dieser Metapher zur Diskussion, sondern das Recht, die Verbindlichkeit, der (Ehe)Vertrag.

Im übrigen enthält, wie gezeigt werden sollte, besonders das Neue Testament Elemente, die in die Nähe dessen kommen könnten, was der Begriff »absolut« meint, für den es aber in der Bibel kein Äquivalent gibt.

Um Mißverständnisse zu vermeiden: Wir können diese Ansprüche darstellen, aber wir können ihr Recht nicht wissenschaftlich-objektivierbar erweisen. Wir können auf Strukturen aufmerksam machen, die es wohl grundsätzlich verbieten, den Absolutheitsanspruch des Christentums herunterzufahren. Aber wir können und wollen diesen weder mit Zwang durchsetzen noch zur objektiven Wahrheit erklären.

Damit ist er freilich noch nicht bloß subjektive Wahrheit im Sinne der Einbildung, Beliebigkeit (»Wo die Liebe hinfällt«) oder reinen Zufälligkeit. Vielmehr muß es etwas geben zwischen Subjektivität einerseits und eherner wissenschaftlicher Objektivität andererseits. Das sind zum Beispiel die Wertüberzeugungen der Völker (ohne daß man daraus ein Weltethos herstellen müßte). Andere Möglichkeiten, ein solches Drittes anzunehmen, sind die Bereiche der »Logik des Herzens«, des biblischen Verständnisses von Wahrheit und der geistlichen (mythisch-mystischen) Wirklichkeit (vgl. dazu im Schlußteil die Kritik an G. E. Lessings Ringparabel). Das Kriterium ist stets, ob man in einem solchen Bereich besser leben und sterben kann, ob man also in Gemeinschaft mit Jesus, Paulus und Franziskus von Assisi besser zurecht kommt – was etwas anderes ist als: recht hat – als anderswo.

Stellvertretung für alle?

In diesem Zusammenhang darf nicht vergessen werden, daß Stellvertretung für das Verständnis des frühen Christentums von größter und gar nicht zu überschätzender Bedeutung ist. Stellvertretung meint: Ein Mensch bewirkt für einen anderen etwas bei Gott. Man kann sagen: So wie der Alte Bund durch Abstammung von Abraham, Gesetz und Beschneidung »zusammengehalten« wird, so der Neue Bund durch Stellvertretung (ebenfalls eine jüdisch-alttestamentliche Kategorie). Sie betrifft einmal die Bedeutung Jesu für die Christen bei Gott (Jesus ist der Stellvertreter, Fürbitter und Anwalt der Christen bei Gottes Thron) und zum anderen die Beziehung der Christen untereinander: Paulus erwähnt wiederholt in jedem Brief, wie intensiv er für die Adressaten zu Gott bete. Aber Stellvertretung betrifft auch das Verhältnis der Christen zu den Außenstehenden (Gebet für alle Menschen, Gebet für die Könige) und besonders zu ihren Feinden (Beten für die Feinde und Verfolger nach Matthäus 5,44; Lukas 6,28; Fasten für die Feinde nach der Didache; Jesus am Kreuz und Stephanus beten für ihre Mörder: Lukas 23,34; Apostelgeschichte 7,60). Besonders aus den zuletzt genannten Fällen wird deutlich: Die Fürbitte des Gerechten bewirkt bei Gott etwas auch sehr oft gegen den Willen dessen, dem sie zugedacht ist. Keineswegs muß der Feind, Lästerer oder Verfolger »glauben«, um von Gott die Wirkung des stellvertretenden Fastens oder Betens zu empfangen.

In Korinth lassen sich Christen stellvertretend für Nicht-Christen taufen. Die Taufe wird hier offensichtlich als Akt der Gottesverehrung gedacht und tritt in dieser Eigenschaft und Funktion neben das Beten und Fasten.

Stellvertretender Gottesdienst

Aus der Entstehung des Alten Testaments ist die sogenannte Priesterschrift bekannt, die in die fünf Bücher Moses einge-arbeitet worden ist. Diese Priesterschrift trägt diesen Na-men, weil man viele Bestimmungen über Tempel und Tem-peldienst darin findet. Sie zeigt einen bemerkenswerten Auf-bau, und zwar den einer Pyramide. Die Grundlage bildet die Schöpfungsgeschichte in 1 Mose 1,1–2,4a. Hier bereits ist die pyramidale Grundstruktur erkennbar: Auf der breiten Basis des trockenen Landes erscheint der Mensch als Spitze aller Geschöpfe. Ihm ist der Sabbat als Ziel übergeordnet, die Ruhe, die er an jedem siebenten Tag mit Gott teilen darf. Dann werden die Geschlechter der Menschheit aufgezählt. An ihrer Spitze wird Abraham erwählt, dann Isaak (und nicht Ismael), dann Jakob (und nicht Esau). Höhepunkt der ganzen Erzählung ist die Einrichtung des Kultes für Israel, der zur Zeit der Priesterschrift längst der Tempelkult ist. – So ist also der Mensch die Krone der Schöpfung, Israel die Krone der Menschheit, der Tempel und sein Gottesdienst aber Mittelpunkt und Krönung Israels, Nabel der Welt. Viele der Gedanken, die man sich im 1. Jahrhundert n. Chr. über den Tempel machte – wie zum Beispiel seine Ähnlich-keit mit dem Aufbau des Weltganzen –, sind von dieser Funktion für die ganze Welt her zu erklären. Das aber be-deutet: *Der Gottesdienst Israels wird im Mittelpunkt der ganzen Welt und stellvertretend für sie vollzogen.*

Von daher kann man gut verstehen, weshalb Israels Gebete

– zunehmend dann auch außerhalb des Tempels – auch der Erhaltung der Weltordnung dienen. So wird immer lobend hervorgehoben, daß Israel auch für die (heidnischen) Könige betet.

Von Abraham heißt es nach 1 Mose 12,3; 18,18: *In dir (durch dich) sollen gesegnet sein alle Völker.* Wie auch immer man diesen Satz versteht: Segen überhaupt gibt es in der Welt nicht unabhängig von Abraham. Da ist dann unwesentlich, ob man durch das Verhalten zu Abraham (Israel) gesegnet wird oder nicht, ob das durch Nennung seines Namens vor Gott geschieht (wie zum Beispiel in Lukas 1,55) oder ob Abraham Fürsprache leistet (1 Mose 18,16–33). Abraham ist bereits Mittler allen Segens.

Die frühen Christen übernehmen diese Einrichtung auch für ihren Gottesdienst. In 1 Timotheus 2,1f fordert der Verfasser auf: *Zuerst fordere ich nun dazu auf, zu bitten, zu beten, zu flehen und dankzusagen für alle Menschen, für Könige und für alle, die regieren, auf daß wir ein ruhiges und friedliches Leben führen können.* Das eindrückliche Gebet im 1. Clemensbrief (Kap. 59–61) nennt ausdrücklich ebenfalls die Könige und Herrscher in der Fürbitte. Mit dem Gottesdienst Israels teilt daher der frühchristliche dieselbe Funktion. Er wird stellvertretend und fürbittend für alle Gott dargebracht. Sein idealer Ort ist die Mitte der Welt. Noch das ehrwürdige *Te Deum* (»Großer Gott, wir loben dich«; EG 331) aus dem 4. Jahrhundert bringt das zum Ausdruck in dem Vers »Dich, ewigen Vater, betet verehrend an die ganze Erde« (nach dem Evangelischen Gesangbuch: »Vor dir neigt die Erde sich«) – und sie tut es, indem die Kirche diesen Hymnus singt. Die singende Gemeinde wendet sich an Gott stellvertretend für die ganze Schöpfung.

Wir kennen das auch aus Psalmen und sogar noch aus dem Sonnengesang des Franziskus von Assisi: Franziskus fordert nacheinander die einzelnen Werke der Schöpfung auf, gemeinsam mit ihm Gott zu loben – der Mensch als Chorleiter der Schöpfung. Im Lied des Menschen gibt dieser dem Lobpreisen der Natur eine Richtung und einen Namen. So ist auch der Gottesdienst der christlichen Kirche im Verhältnis zum Gottesdienst aller Völker zu verstehen. Er ist deren »offenbare Mitte« – jedenfalls nach christlichem Verständnis, das wir biblisch zu begründen versuchten. Er ist »offenbar«, weil er – nach biblischem Verständnis – den einzig entscheidenden Namen nennt, nämlich den des Gottes Abrahams, Isaaks und Jakobs, des Gottes Jesu Christi. Er ist die »Mitte«, weil er sich nach eigenem Verständnis auf die ganze Welt im Gegenüber zu ihrem Schöpfer bezieht. Diese Beobachtungen kommen damit überein, daß nach dem Neuen Testament jede Gemeinde als die der Heiligen angeredet werden kann, nach Paulus (1 Korinther 3,17) und nach dem 1. Petrusbrief (1 Petrus 2) auch als Tempel. Beides bedeutet nicht nur, daß die Christen ausgesondert sind aus der Welt, sondern daß sie auch erwählt sind für die Welt, zugunsten der Welt. Daß sie stellvertretend als Heilige und als Heiligtum einen Dienst vollziehen, sollte nicht vergessen werden. Die »priesterliches Königtum« im Unterschied zu anderen sind, haben daraus nicht Herrschaftsrechte, sondern Dienstpflichten abzuleiten.

Ansteckende Heiligkeit

Eine stellvertretend-ausstrahlende Bedeutung hat auch die Heiligkeit der Christen nach 1 Korinther 7,14. Im Zusammenhang unseres Themas hat diese Stelle besondere Bedeutung: Hier geht es nämlich um die Frage der Mischehe mit Nicht-Christen. Durch das schlichte Zusammenleben von Christen mit Nicht-Christen wirkt deren Heiligkeit »ansteckend« auf diese. Paulus sagt: *Geheiligt ist der nicht-christliche Mann durch die christliche Frau, und geheiligt ist die nicht-christliche Frau durch den christlichen Bruder. Wären beide nicht-christlich, so wären die Kinder unrein. Dadurch aber, daß ein Partner christlich ist, sind sie heilig.* Paulus versteht darunter: Sie gehören zu Gott und stehen auch entsprechend sicher unter seinem Schutz. Er macht freilich dann in 1 Korinther 7,16 deutlich, daß diese Übertragung der Heiligkeit nicht schon Rettung bedeutet (Seelenheil, Erlösung, Auferstehung).

Wir halten fest: Dasselbe grundsätzlich *konzentrische* Denken, das wir zuvor bei Beten, Fasten etc. beobachteten, gilt auch hier. Denn nach Paulus sind alle nicht-christlichen Lebenspartner schlicht dadurch geheiligt, daß sie mit einem Christen oder einer Christin zusammenwohnen. Konzentrisch ist dieses Denken, weil es weiterhin – wie die alttestamentliche Priesterschrift – davon ausgeht, daß Heiliges die heilsame Mitte für alles Nicht-Heilige ist (der Tempel für Stadt und Welt, der Priester in seinem Volk, der Sabbat für die Wochentage).

Man kann überlegen, ob dieses Denkschema nicht grundsätzliche und bleibende Bedeutung für das Verhältnis zwischen Christen und Nicht-Christen haben könnte. Doch schon Paulus selbst warnt vor zu großen Erwartungen: Über das Heil (die Rettung) ist mit dem Geheiligtsein nichts gesagt. Man darf nur (ohne daß Paulus das ausdrücklich erwähnte, aber vom allgemeinen Verständnis von Heiligkeit her) annehmen, daß es Schutz bedeutet, also apotropäischen Charakter hat. Aber das reicht eben nicht.

Mißverständnisse über die »Heiligen«

Wenn nach den Briefen (und dem Johannes-Evangelium) des Neuen Testaments die Christen die Heiligen heißen und wenn sie – wie schon Israel nach 2 Mose 19,6; 23,22 – »königliches Priestertum« genannt werden (1 Petrus 2,9; Offenbarung 1,6), dann unterscheidet sie dies von den anderen Menschen. Aber es bleibt nicht bei diesem Unterschied. Die Heiligen und die Priester sind jeweils die heilige Mitte (im Sinne konzentrischen Denkens), weil sie für die übrigen (das heißt: zu deren Gunsten) heilig sind, dienen und so Gottes Recht auf alle und alles zeichenhaft darstellen. Wer heilig ist, heiligt damit alles andere (Römer 11,16). Man kann also nicht sagen, daß durch das Heilige oder die Heiligen die anderen abgewertet werden, vielmehr gilt das Gegenteil: Dank der Tatsache, daß es Heiliges und Heilige gibt, sind auch sie geheiligt. Die heilige Mitte ist daher ein Segen für das Ganze. Heilig ist immer etwas aus dem Ganzen und für das Ganze.

Die Existenz der Heiligen ist zeichenhaft, ihr Tun ist Dienst für die anderen. Anders, als es der vorherrschende Wortgebrauch vermuten läßt, sind Heilige daher nicht die moralisch Höherwertigen oder die durch ihre Heiligkeit schon endgültig Geretteten. Sie haben wirklich nur eine Funktion zugunsten der anderen inne und sind insofern Diener der Allgemeinheit.

Sind diese Mißverständnisse ausgeräumt, dann kann man sehr wohl überlegen, ob aus der Sicht eines neutestamentlich informierten Christentums nicht diese Kategorie das Verhältnis der Christen zu den Nicht-Christen angemessen beschreiben könnte. Die Christen wären mit 1 Petrus 2 zu begreifen als Tempel, Priester und Heilige, als Zeichen für Gottes Herrschafts- und Besitzanspruch gegenüber der Welt.

Wichtig: Über beider Heil ist damit nichts gesagt. Allerdings ist bei diesem Modell auch über die anderen Religionen nichts gesagt. Dieser auffällige Tatbestand ist uns schon von Matthäus 25 und Hebräer 11 her geläufig.

Zweierlei Stellvertretung

Es besteht nun in der Diskussion einige Unklarheit darüber, ob diese Stellvertretung der Heiligen die gleiche Funktion hat wie die Stellvertretung Jesu. Das heißt: Wenn die Christen (und die Juden) mit ihrem Gottesdienst stellvertretend für die ganze Welt wirksam sind, ist dann auch der Tod Jesu in diesem Sinn stellvertretend, ein für allemal und für die ganze Welt? Und wenn es bei der Stellvertretung der

Heiligen keiner Zustimmung der damit »Bedachten« bedarf, damit sie wirksam wird, gilt das dann auch für die Stellvertretung Jesu? Oder gelten für deren Wirksamkeit andere Bedingungen? Anders gefragt: Warum kann man für die Feinde beten und ihnen stellvertretend etwas Gutes tun, ohne daß sie Christen werden müssen, während man, um in den Genuß von Jesu Stellvertretung zu gelangen, Christ werden (»glauben«) muß? Nirgends ist in der Forschung, soweit ich sehe, dieser Unterschied in der Funktion von Stellvertretung diskutiert oder geklärt worden. Deshalb fragen wir noch einmal: Gibt es verschiedene Arten von Stellvertretung?

Stellvertretung Jesu – vertikale Stellvertretung

Wenn Jesus bei Gottes Thron als Zeuge, Fürsprecher oder Anwalt der Christen auftritt, dann deshalb, weil er so etwas wie ihr Patron ist. Er leistet Fürsprache für sie vor Gott im Rahmen einer Beziehung, die man korporative Solidarität nennen könnte. Er ist darin wirklich einer von ihnen. Er steht ihnen nicht als der Heilige gegenüber (während sie seine Feinde sind), sondern stammt »aus einem« wie sie. Er ist nicht nur Mensch wie sie – das wäre zu wenig. Er tritt für sie ein, weil sie ganz eng zu ihm gehören. Schon im Judentum wird der Tod des Märtyrers selbstverständlich nur Israel zugerechnet (nach dem 2. und dem 4. Makkabäerbuch bringt er Gottes Zorn zum Stillstand). Und vom Hohenpriester, der am Versöhnungstag das Volk von Sünden befreit, kann Philo von Alexandrien sagen, das Volk sei sein Leib. Daß man dem zugehört, der in diesem »rettenden« Sinne Stellvertretung leistet, und ihm nicht feindlich gegenübersteht, ist so wichtig, daß Paulus für den (tatsächlich gegebenen) Fall, daß es sich zunächst um Feinde handelt (Römer 5,10 *als wir noch Feinde waren*), zum besonderen Instrument der Versöhnungslehre greifen mußte (siehe dazu unten S. 70f).

Jetzt verstehen wir, warum nach Römer 3,25 *(Gott hat ihn zum Ort der Sündenvergebung gemacht durch den Glauben an Jesus in seinem Tod)* vom Glauben die Rede ist. Dieser Glaube bringt die fernen Heidenchristen zu Gottes Volk hinzu. Denn so können sie Abrahams Kinder werden. Das Kapitel Römer 4 mit dem Thema der Abraham-Kindschaft durch Glauben folgt deshalb unmittelbar auf die Ausführungen des Paulus zum stellvertretenden Tod Jesu. Denn der Glaube bezeichnet den Weg, auf dem man überhaupt zum Kreis derer gelangen kann, für die Jesus gestorben ist.

Wir halten fest: Durch seinen Tod, genauer: durch seine auf die Erhöhung folgende, dem Tod zugeordnete Fürsprache vor Gottes Thron bewirkt Jesus Sündenvergebung für diejenigen, die ganz eng zu ihm gehören. Man gehört zu Jesus als Jünger durch Nachfolge in seinem Namen, durch Glauben (Römer 3,25) oder durch Bekenntnis. Auch die bloße Zugehörigkeit zum jüdischen Volk genügt seit Jesu erstem Auftreten nicht mehr. Für die Zugehörigkeit zum Kreis derer, denen Jesu Stellvertretung wirklich dient, gelten mithin verschärfte Bedingungen. Dafür ist aber auch die Wirkung um so intensiver: Vergebung der Sünden direkt vor Gottes Thron selbst. Ich nenne diese Stellvertretung »vertikal«, weil sie das Verhältnis Gott – Mensch betrifft.

Nach Hebräer 11,1–12,3 leistet Jesus als der Anführer zum Heil Stellvertretung universaler Art, indem alle, die je geglaubt haben, durch ihn als die Tür zum Ziel gelangen. Wie das geschieht, sagt Hebräer 10,26: Dadurch, daß Jesus Mensch war (»Fleisch«), einer von uns, hat er den Weg zu Gott frei gemacht. Denn weil er ganz frei von Sünde war, konnte er ein für allemal stellvertretend für alle sterben (»Hoherpriester«). Zwar mußten die Menschen aus allen Völkern, deren Zug Jesus angeführt hat, nicht an Jesus glauben. Dennoch gehörten sie diesem wandernden Gottesvolk nicht automatisch zu, sondern nur, wenn sie im Sinne von Hebräer 11 glaubten: wenn sie hier auf Erden zugunsten von etwas Besserem verzichten und leiden konnten.

Wenn dagegen die Christen für ihre Feinde beten, dann werden sie damit nicht vor Gottes Thron vorstellig. Sie leisten ihren priesterlichen Dienst, aber auf Erden und für Irdisches. Um Irdisches geht es bei der Fürbitte für die Könige nach 1 Timotheus 2,2. Bei der Heiligung nach 1 Korinther 7,14 wird ausdrücklich die Rettung von der segensreichen Wirkung der »ansteckenden Heiligung« unterschieden.

Es scheint daher sinnvoll zu sein, den Erfolg dieser Art von Stellvertretung mit der Kategorie des Segens zu verbinden, wie es ja auch in Lukas 6,28 *(Segnet, die euch verfluchen, betet für die, die euch schmähen)* und in Römer 12,14 *(Segnet die Verfolger)* geschieht. Segen verstehe ich hier als alttestamentlich-jüdische Kategorie des irdischen Heils. Dieses ist keineswegs geringzuschätzen, bedeutet aber nicht Sündenvergebung oder Rettung vor dem ewigen Tod wie die Stellvertretung Jesu. Die Fürbitte für die anderen umfaßt wohl auch die Bitte, daß diese überhaupt zur Wahrheit gelangen mögen (im Sinne der alten Karfreitagsgebete für Juden und Heiden) – und damit führen diese Fürbitten gewissermaßen bis an die Schwelle der vertikalen Fürbitte, die Jesus vor Gott leistet.

Diese Art von Stellvertretung ist, wie wir sahen, weder von der glaubenden Zustimmung abhängig noch von der Zugehörigkeit zum Stellvertreter. Schon immer gehört das Erflehen von Segen in diesem Sinn zu den Aufgaben des Priesters. Zwar muß nicht der mit Segen Bedachte, wohl aber muß der den Segen Erbittende ein »positives« Verhältnis zu Gott haben. Er muß nicht frei von Sünde sein, aber mit Gott in Kontakt treten können.

Stellvertretung des Märtyrers

Der leidende Gerechte nach Jesaja 53, von dem es heißt, daß er die Sündenschuld des Volkes trägt, die Märtyrer nach den

Makkabäerbüchern, die Gottes Zorn zum Stillstand bringen, Jesus und Stephanus, die beten: *Herr, rechne ihnen ihre Sünde nicht an* (Lukas 23,34; Apostelgeschichte 7,60) – sie alle bitten nicht um »Segen« oder bringen ihn sogar halbwegs automatisch, sondern bei ihrem Leiden oder ihrer Fürbitte geht es um Gravierenderes: um die Sündenschuld der Menschen und den dafür verdienten »Zorn Gottes«. Bei Jesus steigert sich die »Wirkung« seines Martyriums, weil er als absolut frei von Sünde gilt. Man kann daher wohl sagen: Die Deutung und Bedeutung von Jesu Tod ist von der Rolle der Märtyrer her zumindest vorbereitet. Hier geht es immer um vertikale Stellvertretung. Denn es ist »Blut im Spiel«.

Versöhnung

Den Übergang von horizontaler zu vertikaler Stellvertretung kann man gut an den Formulierungen in Römer 5,8–10 ablesen. Dabei wird dann nebenbei auch etwas über die Rolle der Versöhnungsaussagen sichtbar. Als Jesus starb, waren die »wir« (Paulus und Adressaten) noch »Sünder« (synonym zu Heiden; V. 8) und »Feinde« – also solche, die nicht in den Genuß der vertikalen Stellvertretung gelangen konnten, weil sie nicht dazugehörten. Bekanntlich stammt das Bildfeld der Rede von der Versöhnung aus dem Bereich der Diplomatie und des Völkerrechts. Es geht um den Prozeß des Friedenschließens. Frieden wird geschlossen nicht mit denen, die dazugehören, sondern mit den anderen. Die Rede von Versöhnung durchbricht insofern die ältere Dimension der vertikalen Stellvertretung. Denn jetzt geht es um die Feinde. Die Versöhnungs-Aussagen setzen daher noch eine Stufe tiefer an als die »einfachen« Aussagen über die Stellvertretung des absolut gerechten Märtyrers.
Nach den Versöhnungs-Aussagen stirbt Jesus nicht einfach »für unsere Sünden« (1 Korinther 15,3), sondern Gott inszeniert ein weltweites Geschehen, das dramatischen Charakter hat. Es ist schon öfter aufgefallen, daß sich die Aussagen

über Versöhnung regelmäßig auf die ganze Welt oder auf Juden und Heiden beziehen, jedenfalls nicht nur auf Juden allein. Jetzt stoßen wir auf den sachlichen Grund:

– Die Versöhnungsaussagen geben Gott das Heft in die Hand und überlassen es nicht denen, die Jesus ermordet oder übergeben haben. Gott wird daher als Akteur zurückgewonnen.

– Weil Versöhnung schon immer ein internationales Geschehen war, kann jetzt diese Metaphorik angewandt werden, um den Schritt zu illustrieren, den Gott bei der Versöhnung über sein Volk hinaus tut.

– Wenn also Jesu Tod eingeordnet wird in ein Versöhnungsgeschehen, dann wird damit gleichzeitig erklärt, weshalb der Tod Jesu auch Heiden zugute kommt. So wird die Zulassungsbedingung umfassend geklärt: Feinden als Feinden, Heiden als Sündern konnte Jesu Tod nicht einfach »zugute« kommen. Er konnte es nur als Teil eines Versöhnungsprozesses (zu dem unter anderem auch Paulus als Mittler der Versöhnung gehört). In diesem Geschehen werden aus Feinden Partner. Der Tod Jesu selbst ist das Versöhnungsgeschehen als Ausdruck der alle Feindschaft überwindenden Liebe Gottes. Aber wie es bei internationalen Friedensverhandlungen üblich ist: Friede kommt nicht zustande, wenn die Partei, der das Friedensangebot gemacht worden ist, nicht zustimmt. Daher kann Paulus die Menschen auffordern: *Laßt euch versöhnen mit Gott* (2 Korinther 5,20). Hat es je Versöhnung gegeben, der beide nicht zugestimmt hätten?

Jesu Tod – für alle?

Häufig wird damit argumentiert, Jesus sei doch für alle Menschen gestorben. Man beruft sich dafür auf Markus 10,45 *(zu geben sein Leben als Lösegeld für viele = für alle)* oder Matthäus 26,28 *(Blut ... vergossen für viele zur Vergebung der Sünden = für alle)*. Bei einer universalen Wirkung müßte man mit einer Wirkung automatischer Art rechnen. Unverständlich bliebe dann freilich das gesamte Unternehmen christlicher Mission von Anfang an. Unverständlich bliebe dann schon, warum Paulus bei der Rede von der Stellvertretung durch Jesu Tod zu »durch sein Blut« ausdrücklich hinzufügt »durch den Glauben« (Römer 3,25). Der Gehalt dieser Stelle ist: Die Wirksamkeit Jesu als des Ortes, an dem Sünde getilgt wird, hängt nachträglich davon ab, ob man ihn als seinen Stellvertreter anerkennt. Jesu Rolle ist durch seinen Tod begründet, aber aktualisiert wird sie erst, wenn man an ihn glaubt.

Ähnlich wie ein Rechtsanwalt nur tätig wird, wenn man ihm eine Vollmacht erteilt, so kann Jesu heilsame Tat nur heilvoll werden, wenn man ihn als Anwalt und Vertreter benennt, und eben das nennt Paulus Glauben. Glauben heißt zu Jesus sagen: »Wende deine Tat auch auf mich an. Ich erkenne dich hiermit als meinen Anwalt vor Gott an.« Man wird also unterscheiden müssen zwischen dem Geschehnis von Jesu Tod, das Jesu Rolle begründet, und der formalen Anwendung dieses Geschehens (Applikation) auf jeden einzelnen im Laufe der Missionsgeschichte. In dieser Hinsicht unterscheidet sich der stellvertretende Tod von der Fürbitte und anderen stellvertretenden Handlungen vor Gott (s. u.). – Zum Vergleich: Es ist wie bei einem Testament oder einem anderen Vertrag. Derartige Verfügungen werden abgefaßt und sind gültig. Aber daß sie auch vollzogen werden, daß (und: ob) sie ankommen bei dem, dem sie zugedacht sind, das ist eine andere Frage. Dieser Akt kann sehr viel später geschehen als der erste Akt der Erstellung einer Verfügung etc.

Sind Aussagen
über das Heil von Nichtchristen möglich?

Es sollte vor allem deutlich sein, daß Nachprüfbares, Sicheres oder Beweisbares über das Heil der Nichtchristen nicht behauptet werden kann. Gilt doch schon selbst für Christen (Jünger Jesu): Sogar Jesus kann hier nichts wissen oder bestimmen – das ist nur Aufgabe Gottes (Markus 10,35–40). Auch wenn Christen für Nichtchristen in diesem Sinne beten (s. unten), können sie sich der Erhörung ihres Gebetes nicht sicher sein.

Andererseits darf man hoffen und beten. Man darf auch hoffen und wünschen, daß Gottes Barmherzigkeit jedes Maß übersteigt. Es ist ein schöner Gedanke, daß wir uns wundern werden, wie barmherzig Gott ist. Aber es gibt hier nichts, das wir sicher wüßten.

Die Frage nach dem Heil der Nichtchristen sollte man also grundsätzlich Gott überlassen. Der Mensch sollte sich nicht Gottes Sorgen machen. Allerdings sind viele Menschen mit dieser Auskunft nicht zufrieden. Im Hintergrund steht – wie so oft bei der Frage nach den fernen Nichtchristen – die Frage nach dem eigenen Heil, über das man ja möglicherweise auch gerne Näheres wüßte.

Die Optik des Neuen Testaments ist auch in diesem Punkt eine ganz andere. Seine Schriften zeigen eine sehr deutliche Abneigung gegenüber spekulativen Auskünften dieser Art. Sie fordern auf zu glaubwürdigem Handeln und zur Mission. Ein Schielen nach dem, was sein wird, ist nicht erlaubt. Man muß hier an das Bild erinnern, das S. Kierkegaard geprägt hat: Die eschatologische Existenz der Christen ist wie das Tun von Ruderern in einem Boot. Die Ruderer rudern mit dem Rücken zum Ziel. Jedes Schielen nach dem Ziel würde ihr Werk nur hinauszögern. Wer Christentum mit Schielen verwechselt, setzt sich dem Verdacht aus, nicht rudern zu wollen. Rudern heißt: vor der eigenen Türe kehren, heißt: nicht die Ewigkeit, sondern den Augenblick jetzt als die Pforte zum Heil betrachten. Denn nach dem Bild von W. Benjamin könnte jede Sekunde die Pforte sein, »durch die der Messias eintritt«, das heißt der Ort des Heils, an dem Gott dem Menschen endgültig begegnet.

Fazit: Schon im Neuen Testament gibt es Dinge, die außerhalb der Kompetenz Jesu liegen, die »auch der Sohn nicht weiß«. Das sind alles Dinge, nach denen Menschen gerne schielen, die sie gerne wüßten: der Zeitpunkt des Endes und das Ob und das Wie des Heils für bestimmte Menschen.

Ergebnis

Wo Menschen für Irdisches oder mit der Bitte, Gott möge jemanden zum Glauben führen, stellvertretend vor Gott vorstellig werden, da braucht der so Bedachte nicht zuzustimmen. Das gilt auch für die Bitte des Märtyrers, Gott möge seinen Feinden »diese Sünde« (den Mord am Märtyrer) nicht anrechnen. Bei dieser horizontalen Stellvertretung muß häufig, aber nicht immer, zumindest der Fürbitter ausdrücklich wollen. Offensichtlich gibt es unterschiedliche Grade der Ausdrücklichkeit: Der Märtyrer muß ausdrücklich bitten, der christliche Ehepartner heiligt durch seine bloße Existenz.

Anders ist es jedoch dort, wo es um Versöhnung mit Gott insgesamt geht, das heißt um Beseitigung aller Sünden oder um das, was Paulus »Rettung« nennt. Das kann nur durch einen geschehen, zu dem man gehört. Diese Zugehörigkeit wird durch den Glauben hergestellt. In diesem Fall müssen beide Beteiligten wollen, der Stellvertreter und der Bedachte.

Für unser Thema bedeutet das: Juden wie Christen sollen, dürfen und können zum Segen für alle anderen Menschen wirken, und zwar durch Fürbitte, stellvertretendes Fasten oder physisches Zusammenleben. Die bedeutende Dimension des Segens wird so ausgefüllt (auch Wunder gehören dazu). Aber Heil und Rettung bedeutet dieses nicht. Die stellvertretende Taufe hat man wohl aus diesem Grund nicht weiter praktiziert.

Die Beurteilung nichtchristlicher Religionen im frühen Christentum

Heidnische Götter

Neben der Anerkennung der Götter als »Götter und Herren« (1 Korinther 8,5b) steht die Rede von den »sogenannten Göttern« (1 Korinther 8,5a). Die Verwirrung wird noch größer, wenn wir lesen, daß Paulus in 1 Korinther 10,20 sagt, die Heiden opferten den »Dämonen« und nicht Gott. Die unterschiedlichen Einordnungen verstehen wir, wenn wir bedenken, an wen der Brief gerichtet ist. In Korinth gab es die Gruppe der sogenannten Starken, die die heidnischen Götter für nicht existent erklärten. An ihre Adresse gerichtet spricht Paulus von sogenannten Göttern. Andererseits hatte die Gruppe der sogenannten Schwachen nach wie vor Bedenken, den Göttern geweihtes Fleisch zu essen, denn wie auch im Judentum und im Alten Testament sind die Götter von gestern noch weiterhin als gefährliche Dämonen am Werk. Die griechische Übersetzung des Alten Testaments (Septuaginta) sagt es zu 5 Mose 32,17: *Sie opferten Dämonen und nicht Gott* oder zu Psalm 95,5 *Alle Götter der Heiden sind Dämonen, der Herr aber hat die Himmel geschaffen*, immer wieder wird dieser Psalm in der Alten Kirche zitiert. Das Heidentum erklärt man damit, daß den Dämonen Macht gegeben sei. Besonders wenn man die Anhänglichkeit der Heiden an ihre Kulte beobachtete (daher das Wort »abgöttisch lieben«, das heißt wie einen Götzen), mußte der »aufgeklärte« Schluß als zu einfach erscheinen, daß es diese Wesen alle einfach nicht gebe. Vielmehr erwartete man, daß die alten Götter, also die Dämonen, denen, die nun Christen geworden waren, schaden würden; aus Rache und Eifersucht wollten sie sie zum Abfallen bringen. – Im übrigen rechnen auch nichtchristliche Religionen mit Dämonen. Neu im Judentum und Christentum ist nur die Aufteilung des Feldes: der eine wahre Gott auf der einen Seite und die

Gesamtheit der Dämonen (ineins mit den heidnischen Göttern) auf der anderen Seite.

Schon die Götzenpolemik des Alten Testaments wirft der heidnischen Statuen- und Bilderverehrung vor, sie richte sich auf »tote« Götter, und entsprechend seien die Werke der Heiden »tot«. Die Bilder seien leblos, denn man konnte die Statuen und Bilder der Götter in der Tat leicht zerstören. Im Kontrast dazu heißt der biblische Gott immer der »lebendige Gott«, der auch, wie die Auferweckung Jesu zeigt, sogar Tote lebendig machen konnte. Man erkennt hier leicht, welche Bedeutung gerade in dieser Hinsicht die Verkündigung der Auferweckung Jesu hatte.

Besonders in den alttestamentlichen Psalmen, aber auch in den Hymnen und Psalmen von Qumran gibt es unterhalb des Thrones Gottes sogenannte Elohim, das heißt Gottwesen. Diese hat man häufig mit den von Jahwe bezwungenen Fremdgöttern gleichgesetzt, die nicht »beseitigt«, sondern als Diener in Gottes Hofstaat eingefügt wurden. Wichtig ist: Die alten Götter verloren bei dieser Einbeziehung unter die Elohim ihren Namen. Sie sind nurmehr die Gottwesen, die Gott huldigen; ihre Individualität haben sie mit ihrem Namen eingebüßt. Daher können sie auch nicht mehr angerufen werden. Gerade so verfährt Paulus mit den Göttern der Heiden in 1 Korinther 8,5f: Nicht sie, sondern nur Gott unser Vater und Jesus Christus haben einen Namen.

Heidnischer Kult

Nach Römer 1,23–25 besteht der Kult der Heiden, der Götzendienst, in der Vertauschung von Schöpfer und Geschöpf. Die Nichtjuden und Nichtchristen kehren damit die Ordnung um, die Gott will. Sie beten Geschaffenes an und mißachten Gott. Gott bestraft sie nach Paulus dafür mit Verkehrung der Ordnung, was sich besonders in sexueller Perversion zeige.

Daß die Heiden »unrein« sind, wird im frühen Christentum

vom Judentum übernommen. Daher muß Jesus »unreine Geister« austreiben, besonders im heidnischen Gebiet. Und umgekehrt sind die nichtchristlichen Ehepartner und Kinder in der Familie eines Christen durch ihn mitgeheiligt. Seine Heiligkeit ist positiv »ansteckend«. Auch nach dem Johannes-Evangelium muß Jesus seine Jünger durch sein Wort erst »rein« machen. Die Unreinheit der Heiden wird teilweise damit begründet, daß die von ihnen verehrten Götter in Wahrheit Totengeister seien, und zwar die Totengeister der Riesen nach 1 Mose 6,1–4. So können sie aber durch den Heiligen Geist ausgetrieben werden.

Heidnische Astrologie wird von Juden und frühen Christen als Anbetung der Sterne bezeichnet.

Vorwurf der Magie

Alle religiösen Handlungen der Heiden werden als »magisch« abgewertet, so daß schon im 1. Jahrhundert »Magie« der Name für die jeweils abgelehnte religiöse Praxis ist; der Magier ist die jeweils nicht akzeptierbare religiöse Autorität. Das wird an Simon Magus in Apostelgeschichte 8,9 gut erkennbar, aber auch an dem Magier Bar Jesus nach Apostelgeschichte 13,6. Wenn umgekehrt Magier dem neugeborenen Gottessohn nach Matthäus 2,1–16 huldigen, erkennen sie damit die Oberhoheit dessen an, der ihnen auf ihrem eigenen Feld überlegen ist. Heidnische Gebetbücher heißen »Zauberbücher« (Apostelgeschichte 19,19). Wenn Jesus mit Machtworten in aramäischer Sprache heilt, so ist das äußerlich Zauberworten der Magier sehr ähnlich. Gerade diese Ähnlichkeit ist aber auch Ursache für verschärfte Auseinandersetzung.

Heiden sind »ohne Hoffnung«

Nach 1 Thessalonicher 4,13 sind die Heiden ohne Hoffnung, weil sie eine Auferstehung der Toten nicht erwarten. Als

Prototyp solcher hoffnungsloser Heiden stellte sich das Judentum Kain, den Bruder Abels vor. Er wird zum Muster und Vorbild des modernen Provinzatheisten, da er immer wieder erklärt: »Es gibt kein Gericht. Es gibt keine Auferstehung. Es gibt kein Himmelreich.«

Nachäffung des Wahren

Schon beim Thema Magie wurde erkennbar, daß sich das Judentum mit einer Konkurrenz auseinandersetzen mußte, die ihm nach außen hin sehr ähnlich war. Im frühen Christentum wird daraus ein Dauerthema, da die Riten gerade der Mysterienvereine den christlichen Sakramenten sehr ähnelten.

In der Offenbarung des Johannes besteht – laut dem Seher Johannes – eine durchgehende Entsprechung zwischen Kaiserkult und wahrer Anbetung Gottes und seines Messias. Einen Höhepunkt erreicht diese verführerische Ähnlichkeit in Kap. 13. Denn wie beim Kaiser die Todeswunde geheilt wurde, so ist Jesus, das Lamm, mit Spuren der Todeswunde erhöht bei Gott. Dem Propagandisten des Tieres stehen die christlichen Propheten gegenüber. Das heißt: Der Kaiserkult wird als Konkurrenz zur christlichen Anbetung des Messias und des Gottes Israels gesehen.

Beurteilung der Heiden

Als Verehrer der falschen Götter sind die Heiden durch Unkenntnis (des wahren Gottes), durch Sünde (weil sie die falschen Gebote haben), durch haltlose Begierde und besonders durch Sexgier (weil Juden eine vergleichbare strenge Hochschätzung der Familie dort vermissen und Mischehen mit Heiden verhindern wollen) und Habgier (weil sie oft die Reichen sind) bestimmt. Wenn man unter Juden oder unter Christen einander Vorhaltungen machen will oder muß, ist der Vorwurf des Heidentums immer der schärfste. Denn

»wie die Heiden« zu sein, das will man sich nicht leisten (Matthäus 7,23; 23,25–27). Auch Jesus warnt zum Beispiel davor, wie die Heiden zu plappern (Matthäus 6,7).

»Atheismus«

Gern hat man den Heiden vorgeworfen, sie seien »gottlos«, was freilich nicht Atheismus im modernen Sinne bedeutet, sondern die Verehrung der falschen Götter. Nicht nur hier gilt: Fast alle Vorwürfe gegen fremde Religionen waren austauschbar und wurden so auch gegen Juden und Christen selbst erhoben (»Atheismus«, Magie, Unmoral).

Zusammenfassung

Das durchweg negative Urteil über fremde Religionen, ihren Kult und ihre Anhänger wird im Rahmen eines dualistischen Weltbilds gefällt. Das heißt: Konsequent und unversöhnlich wird die Wirklichkeit aufgeteilt in den Bereich des biblischen Gottes und in den Bereich, in dem dessen Feinde herrschen. Konkret wird die Ablehnung der Heiden besonders im Verbot der Mischehe, und das ist wohl mit der »Unzucht« des Aposteldekrets (Apostelgeschichte 15,21) gemeint.

Die hier genannten Urteile gegen andere Götter, Kulte und gegen »Heiden« muten uns wie eine Summe von Vorurteilen an. Unbestreitbar hatten sie auch diese Rolle. Doch liegt der Grund tiefer. Man wird diese scharfe Verurteilung anderer Religionen nur verstehen können, wenn man sie auf die Wurzeln des Gottesverhältnisses Israels zurückführt. Die alles entscheidende Frage ist, wieweit dieses Gottesverhältnis auch für uns (Heiden-)Christen noch maßgeblich ist.

4. TEIL

Vielheit und Einheit

Eine abendländische Frage

Für die beiden abendländischen Quellströme, für griechisches Denken und für die jüdisch-christliche Religion, ist das Problem des Verhältnisses von Vielheit und Einheit grundlegend und von der Basis her »in die Wiege gelegt«. Für unser Thema heißt dieses Problem abgewandelt: Wie verhalten sich die vielen Religionen und der eine christliche Weg zum Heil? Im Alten Testament hieß es: Warum soll Israel nur den einen Gott verehren und nicht die vielen anderen Götter? Und viele Menschen bei uns fragen heute wieder genauso.

Die philosophische Frage des Abendlandes war seit Parmenides von Elea: Wie verhält sich die Vielfalt der Dinge zu dem einen und einzigen Sein? Ist nicht vielmehr nur ein Sein? Nein, sagten andere, wenn man es recht sieht, gibt es nur die vielen Dinge, und das eine Sein ist lediglich eine Abstraktion. – Diese philosophische Frage wurde nun häufig mit der religiösen vermischt. Wie hängt die Einheit des Seins mit dem einen Gott zusammen? fragte man.

Diese Fragen müssen und können hier außer Betracht bleiben. Sie geben nur den typisch abendländischen Rahmen für unsere Frage ab. Das heißt: Wir sollten bedenken, daß die Frage nach dem Verhältnis der vielen Wege zu dem einen Weg möglicherweise kulturspezifisch bedingt so nur bei uns vorkommt.

Nur eine besondere Ausprägung dieser Diskussion sei erwähnt. Der große Philosoph, Mathematiker und Kardinal Nicolaus Cusanus (15. Jahrhundert) fand eine mystische

Lösung unserer Frage. Nach ihm ist niemand anderes als der eine, unfaßliche Gott die »Einheit aller gegensätzlichen Dinge«, und er garantiert, daß in der Vielheit der Dinge doch deren Einheit gewahrt ist. Es ist nicht zufällig, daß der Cusaner auch eine Schrift »Über den Frieden zwischen den Religionen« verfaßt hat.

Variationen von Einheit und Vielheit

Im Blick auf die Fragestellung unseres Buches lassen sich drei Lösungsansätze unterscheiden. Gemeinsam ist ihnen, daß es nicht einfach nur Vielheit (Es gibt beliebig viele Wege zum Heil; totaler Relativismus) oder Einheit (Wer nicht glaubt und getauft wird, ist verdammt) gibt. Das heißt: Hier überall gibt es wirklich ein *Verhältnis* zwischen Einheit und Vielheit.

Diese drei Modelle sind:

Der eine Gott mit vielen Namen – Vielheit nur unter ihm (auf einer tieferen Stufe);

die eine Gottheit – viele Götter (darunter auch der christliche)

die eine Gottheit – Vater, Sohn und Heiliger Geist als »Kleidhaus der Gottheit«.

Der eine Gott mit vielen Namen

Dies ist die traditionell christliche Auffassung und auch die der Bibel. Es gibt nur einen einzigen Gott, der anzubeten ist. Weil dieser Gott personhaft ist und geschichtlich wirksam wurde, gibt es auch nur einen Weg zum Heil, nämlich ihn allein anzubeten.

Dem einen Gott entspricht auch das eine Gottesvolk – erwählt aus Juden und Heiden.

Vielfalt gibt es hier nur auf der zweiten Ebene, nicht auf der höchsten Ebene Gottes selbst. Man kann sogar sagen: Vielfalt und Vielzahl (Pluralität, Pluralismus) auf der zweiten Ebene verstärken die Einheit und Einzigkeit auf der ersten, obersten Ebene. So wie man sagt: »Ein liebes Kind hat viele Namen«, gilt auch in der Bibel: Der eine Gott hat viele Namen. Auch im Umkreis der Bibel heißt zum Beispiel die mächtige Göttin Isis die »vielnamige«. Entsprechend hat Jesus im frühen Christentum viele »Titel« (zum Beispiel Sohn Davids, Sohn Gottes, Sohn), die man »Namen Jesu« genannt hat.

Die Namen sind immer die zweite Ebene unterhalb des unfaßbaren Wesens selbst.

Ebenso gehören aber nach der Bibel Gottwesen (Elohim) und Herrschaften sowie Engel, die Gottes Namen tragen (deren Namen deshalb auf -el enden), auf die zweite Ebene unterhalb Gottes. Sie sind ihm unterworfen, aber als Wesen schrecklicher Hoheit. Sie nehmen der Hoheit Gottes nichts, sondern verstärken sie.

Die Gottwesen (Elohim) sind entmachtete Götter aus anderen Religionen, die der Jahwe-Kult in sich aufgesogen hat, so meinen es viele Forscher. Wenn Paulus in 1 Korinther 8,5f sagt: *Es gibt sogenannte Götter im Himmel wie auf der Erde, so wie es eben viele Götter und viele Herren gibt, aber für uns gibt es nur einen Gott, den Vater ...,* dann könnte er mit den Göttern und Herren eben solche meinen, die dem einen Gott unterworfen sind. – Sicher ist jedenfalls, daß auch die »Herrschaften« nach Kolosser 3,16 und anderen Texten deshalb so heißen, weil sie eben auch den Gottesnamen der griechischen Bibel (»Herr« – *kyrios*) tragen.

Die eine Gottheit

Nach diesem Modell steht über oder hinter den vielen Göttern, zu denen auch der christliche Gott gehört, eine abstrakte Gottheit. Dieser Gottheit fehlen wichtige Züge, die die Bibel mit Gott verbindet: Sie ist eigenschaftslos, geschichtslos, emotionslos, hat weder Mythos noch kann sie in der Welt irgendwie anwesend sein. Höchstens in der Abwesenheit ist sie anwesend. In der Welt gibt es auch keinen Bereich des Heiligen, der ihr zugeordnet wäre.

Wichtig ist, daß diese Gottheit auch – mangels Personhaftigkeit – keine Gebote geben kann, so daß keine Verbindlichkeit ihr gegenüber entstehen kann. Der Mensch wird mithin in seiner Autonomie von ihr nicht eingeschränkt.

Die Rede von der Gottheit hat auf den ersten Blick vieles für sich: Ihr eignet die Faszination und das gute Recht der sogenannten negativen Theologie. Da man über die Gottheit eigentlich nichts sagen kann, bleibt der Abstand gewahrt. Der Friede unter den Religionen scheint in greifbarer Nähe. Eine Nähe zur Mystik ist deutlich gegeben.

Kleidhaus Gottes

In deutlicher Verwandtschaft zum zweiten Modell hat der Mystiker Meister Eckhart versucht, die Dreifaltigkeit selbst nur als Durchgangsstadium, als »Kleidhaus der Gottheit«, anzusehen. Die Gottheit habe sich sozusagen als Vater oder als Sohn oder als heiliger Geist verkleidet. Nackt und bloß und »an und für sich« sei aber die Gottheit keiner der drei.

Mystische Frömmigkeit aller Zeiten hat darin recht, daß alle Bilder und Vorstellungen über Gott diesem nicht angemessen sind. Das gilt auch für die Metaphern Person, Vater, Sohn und Geist. Sie sind dem Gemeinten eher unähnlich als ähnlich.

Dennoch halten Bibel und Kirche, Liturgie und Verkündigung mit Recht, wie mir scheint, an den Bildern fest, auch wenn man häufiger sagen sollte, daß es sich nur um Bilder handelt. Die Berechtigung dafür ergibt sich meines Erachtens aus dem Glauben der frühen Gemeinde an Jesus (Christologie): Er ist Bild des unsichtbaren Gottes (Kolosser 1,15). Es ist offenbar so, daß Gott aus Liebe zu den Menschen Bilder zuläßt. Sie sind wie Kleider, in die er sich hüllt, damit die Menschen seinen Anblick ertragen können. Wer den Gebrauch dieser Kleider verbietet, ist vielleicht unbarmherzig und hochmütig; er möchte Gott gerecht werden, aber Gott selbst in seiner Menschenfreundlichkeit hat ihn schon überholt. Die Entscheidung über die rationalistische »Gottheit« fällt an dieser Stelle. Es ist die Frage, welche Rolle der Gott der Bibel selbst spielen möchte, wenn man das so sagen darf.

Da das Modell Meister Eckharts nur innerchristlich interessant ist, lassen wir es im folgenden unberücksichtigt und wenden uns verstärkt der Diskussion der beiden ersten Modelle zu.

Ein Gott – oder eine Gottheit?

Die Konstruktion (oder besser: Abstraktion) einer Gottheit hinter allen sichtbaren Göttern, auch hinter dem der Bibel selbst, ist eindeutig nicht Aussageabsicht der Bibel. – Zum Rationalismus der Aufklärung dagegen gehört ein »deistischer« Gott von Anfang an hinzu; wir werden sehen, daß es sich dabei wirklich um einen anderen Gott als den der Bibel handelt. In der Bibel geht es um einen personalen Gott, der Gebote aufstellt und dem gegenüber Menschen Gebete formulieren können.

Die anderen Götter betrachtet der Gott der Bibel nicht als gleichberechtigte Repräsentanten der einen transzendenten Gottheit, sondern als Widersacher, die zu unterwerfen und seiner Herrschaft einzugliedern waren oder sind.

Gewiß kann man jeweils – auch in der praktischen Frömmigkeit – stärker den persönlichen Gott oder stärker den unfaßbaren (und damit erstaunlicherweise den der Vernunft gemäßeren) Gott betonen. Auch negative Theologie hat ihren Ort in der Frömmigkeit.

Das Neue Testament kennt Aussagen negativer Theologie vor allem bei visionären Schilderungen (2 Korinther 12,1–4). Auch in Römer 8,26 geht es um die Frage des direkten Kontaktes zwischen Mensch und himmlischer Welt. Der Übergang von negativer Theologie zum Rationalismus wird hier (noch) nicht vollzogen. (Dieser Übergang von Mystik zum Rationalismus ist ein wichtiges Phänomen und zum Beispiel bei Meister Eckhart sehr ausgeprägt.) Aber wirklich konsequent auf die Spitze getrieben oder verabsolutiert wird die Rede von Gott als »Gottheit« nicht.

Ansatzpunkt für das gnostische Gottesbild

Bei der Diskussion über das Verhältnis zwischen dem personalen und Gebote gebenden Gott zur Gottheit fällt eine unmittelbare Entsprechung zur gnostischen Lösung auf: Für die Gnostiker ist der oberste Abgrund (Urgrund) der eigenschaftslose Gott, der Gott des Alten Testaments dagegen wird auf niederer Stufe angesetzt; er hat sich in Materie und Geschichte verwickelt, er ist der Gesetzgeber. Er entspricht daher dem personalen Gott.

Wir erinnern uns: Die Bewegung des Gnostizismus ist der erste konsequent heidenchristliche Versuch, Philosophie, Bibel und heidnische Götter in einem System unterzubringen. Der absolute Urgrund ist ein nicht-persönlicher und unfaßbarer »Urgott«. Man kann die Bewegung des Gnostizismus sicher nur erklären, wenn man vom Gottesbild ausgeht und hier ein gehöriges Maß von rationalistischen Kunstmythen in Betracht zieht. Wichtig: Auch Gnostizismus (hier: Valentinianismus) versteht sich als Versuch, Religionen übergreifend und versöhnend zu wirken.

Gott als Person

Der biblische Gott ist personhaft. Das heißt: Nach allem, was die Bibel über Gott sagt, dürfen wir uns ihn als eine Person vorstellen, zu der man etwas sagen und die reagieren kann. Der Grund dafür ist, daß die Bibel Gott immer wieder mit Liebe verbindet. Den Ursprungsort der Liebe aber können wir Menschen uns nicht als etwas Abstraktes vorstellen, sondern wir müssen dabei an mindestens so etwas wie eine Person denken. Beim Teufel oder dem Phänomen reiner Zerstörung muß man nicht so unbedingt an eine Person denken. Rohes, sinnloses Walten kann man sich auch von irgendwelchen Mächten vorstellen.

An der Personhaftigkeit Gottes hängen nicht nur Gebet und Gottesdienst, sondern auch der Anspruch der biblischen Religion auf Unverwechselbarkeit.

Das kann besonders an der verbreiteten Redensart festgestellt werden, die hier zu besprechen ist:

Am fremden Gott
unbekannte Seiten des eigenen entdecken?

Dieser Grundsatz wird von denen häufig im Munde geführt, die außerbiblische Götter neben dem biblischen Gott ehren und achten wollen. Gemeint ist mit diesem Satz: Der eigene, biblische Gott hat viele unbekannte, unzugängliche, schwer verständliche und dunkle Seiten. Vieles scheint nicht zusammenzupassen. Könnte es nicht sein, daß uns diese Seiten an anderen Göttern zugänglich und besser verständlich werden? Die Meinung klingt vernünftig und hat Züge des Romantischen. Sie ist indes ganz unbiblisch und daher abzuweisen. An der Eingängigkeit gerade dieser modernen Formel ist zu erkennen, daß der alte prophetische Kampf um den einen und einzigen Gott offenbar zu allen Zeiten in neuen Varianten geführt werden muß und keineswegs zu Ende ist. – Die Abweisung der Maxime mit den unbekannten Seiten am eigenen Gott hat folgende Gründe:

Wenn ich an meiner Partnerin oder meinem Partner Züge entdecke, mit denen ich nicht zurechtkomme, werde ich mich dann, wenn mir an dieser Beziehung liegt, anderen zuwenden in der merkwürdigen Hoffnung, dort die Sache (dieselbe?) klarer zu sehen? Müßte das nicht vielmehr als eine Flucht erscheinen, durch die ich mich dem Notwendigen entziehe, nämlich die fremden Züge in das Bild dieser Person zu integrieren (oder auch nicht – und dann vielleicht zu ertragen)?

Und was heißt überhaupt »Züge«, »Eigenschaften«? Sind das nicht nur Etiketten, Schildchen, an der Oberfläche angebracht? Liegt die Sache nicht wirklich bei jeder Person anders? Und wie sehr erst bei jedem Gott. Nehmen wir ein Beispiel: M. lügt gern und oft. Was habe ich davon, wenn ich weiß, daß andere auch gern lügen? Wird dadurch meine Geschichte mit M. einfacher? Was habe ich dadurch wirklich von M. begriffen?

Auch hinter der Maxime von den Eigenheiten Gottes, die ich durch andere besser begreife, steht, so hege ich den Verdacht, wieder nur die These von der einen Gottheit, die allen Religionen transzendent ist und deren Charakter mosaikartig zusammengesetzt werden könne, da es sich doch um dieselbe Gottheit handele.

Eine Person wird auch sonst nicht durch Addition, sondern durch Integration entstehen oder erfaßt.

Daß die Bibel an eine solche Über-Gottheit nicht denkt, wurde bereits deutlich. Daß eine solche Gottheit in gewissem Sinn eine Versuchung für Rationalisten, Gnostiker und manche Mystiker ist, können wir als bekannt voraussetzen.

Auch wenn die Vorstellung, Gott sei so etwas wie eine Person, nur ein Bild ist, eine menschliche Vorstellung eben, so hat sich doch die Offenbarung, deren Zeugnis in der Bibel vorliegt, solcher Bilder bedient. Die biblischen Autoren tun offenbar gut daran, nicht in der Art der »negativen Theologie« nur von einem völlig unfaßbaren Gott zu reden. Das ist deshalb als Zeichen von Weisheit zu werten, weil die Bibel nicht für ein philosophisches Seminar, sondern für das Leben des Gottesvolkes geschrieben ist.

Die Bedeutung der religionsgeschichtlichen Forschung für die Fragestellung

Die religionsgeschichtliche Erforschung des Neuen Testaments ist in den Jahren zwischen 1890 und 1927 sowie dann im Licht der Qumranfunde ab ca. 1960 ein bedeutender Zweig der Auslegung geworden. Es ging und geht dabei hauptsächlich darum, die frühchristlichen Texte mit solchen vor allem der zeitgenössischen Umwelt zu vergleichen.

Dieser Forschung lag weithin (und liegt zum Teil noch immer) an einer apologetischen Darstellung der »überlegenen« Wahrheiten des Christentums, insbesondere der Rechtfertigungslehre. So ist bei bedeutenden »Ähnlichkeiten« in der nicht-christlichen Literatur dann oft erklärt worden, die Übereinstimmungen beträfen nur die Form oder die Schale, die Sache des Christentums sei aber unvergleichlich und davon nicht betroffen. Noch R. Bultmann postulierte, die Unvergleichlichkeit des Inhalts der Evangelien habe auch eine besondere Form geschaffen, eben die des Evangeliums.

Und als man bei Philo von Alexandrien und in den Texten von Qumran nahe Analogien zur paulinischen Rechtfertigungslehre fand, bemühte man sich schnell, herauszufinden, daß es dort doch überall den Pferdefuß der Werkgerechtigkeit gab.

Nach E. Troeltsch, dem »Systematiker der religionsgeschichtlichen Schule«, sind es drei Argumentationsreihen (wir folgen hier R. Bernhardt: Der Absolutheitsanspruch des Christentums, 1990), die den Absolutheitsanspruch des Christentums begründen:

– Vergeistigung, Personalisierung und Ethisierung: Gott und Mensch als freie, ideengeleitete Persönlichkeiten;

– Christentum ist Konvergenzpunkt religiöser Entwicklungsrichtungen: Das Gottesbild tendiert zur Vereinheitlichung, Vergeistigung und Versittlichung, die Vorstellung von der Seele zur Überwelt: Geschichte als Aufstieg vom Gebundenen zum geistig Freien.

- Die Absolutheit, mit der Jesus seine Verkündigung vorgetragen hat, ist der Absolutheit Gottes am gemäßesten.

Troeltsch selbst versteht diese Argumente nur als standortgebunden, daher gewissermaßen subjektiv und stützend. Trotzdem darf man sagen: »Der eigene Wahrheitsanspruch wird nicht wirklich den aus der Pluralität der Religionen andringenden Wahrheitsansprüchen ausgesetzt« (hs. Vermerk im Handexemplar von R. Bernhardt, S.148).

Die Faustregel zum theologischen Umgang mit religionsgeschichtlichen Ähnlichkeiten scheint mir in folgendem Satz zu liegen: *Alles ist ähnlich, und alles ist neu.*

Alles ist ähnlich

Als Resultat der religionsgeschichtlichen Erforschung des Neuen Testaments kann gelten: Jeder Satz und jedes Motiv, jeder Ritus und jedes Heiligtum, jeder Hoheitstitel und selbst der christliche Antijudaismus haben ihre Analogien und Parallelen im Judentum und in den Religionen des näheren und weiteren Umfelds. Die Ähnlichkeiten betreffen also nicht nur die Sprache, sondern die gesamte religiöse »Kultur«. Das betrifft auch und gerade angeblich christliche Besonderheiten wie »Feindesliebe« oder die Bereitwilligkeit, in Stellvertretung für einen anderen zu sterben. Die Ähnlichkeiten reichen hinein bis in den Ablauf von visionären Offenbarungen und Wundererzählungen.

Wer immer meint, er hätte »endlich« die absolute religionsgeschichtliche Besonderheit gefunden, kann doch schon durch die nächsten Handschriftenfunde widerlegt werden. Von daher war ja in den Jahren 1991 bis 1995 die Irritation über die Qumranfunde groß. Denn nirgends sonst im Judentum sind die Berührungspunkte mit dem frühen Christentum so groß und deutlich wie hier, zum Beispiel was den »Neuen Bund« oder das Gremium der Zwölf betrifft.

Für viele Menschen ist dieser Forschungsstand noch immer Grund zur Unruhe, da sie – woher auch immer beeinflußt –

meinen, das Christentum müsse sich durch einzigartige Ideen auszeichnen. Es wird noch zu fragen sein, worin die Einzigartigkeit des Christentums besteht. In der Besonderheit bestimmter Ideen besteht sie ganz sicher nicht, auch nicht in einem gegenüber dem Judentum »ganz anderen« Gottesbild. Manchmal hat man den Eindruck, Apologetik solcher Art sei geradezu dazu geschaffen, widerlegt zu werden. Die religionsgeschichtlichen Analogien wirken da irritierend, wo die christliche Identität auch im übrigen schwach zu sein scheint.

Man kann andererseits wohl sagen, daß alles in den fremden Religionen eine Art Vorbereitung des Evangeliums *(praeparatio evangelica)* ist. Denn alles, was diese Religionen zu bieten haben, ist zumindest Anfrage. Ein Beispiel: Die gnostischen Fragen »Wer waren wir? Wer sind wir geworden? Wo waren wir? Wohin sind wir geworfen? Wohin gehen wir? Wovon sind wir befreit? Was ist Geburt? Was Wiedergeburt?« erhalten regelrecht eine Antwort durch Sätze wie Römer 11,36: *Aus ihm und durch ihn und auf ihn hin ist alles.*

So gibt es tausend Brücken, und diese sind zum Erreichen des Fremden und Neuen notwendig. Gäbe es diese Analogien und Übereinstimmungen, die unterschiedlich weit tragen, nicht, so wäre die biblische Religion ein unverständlicher Block, abgeriegelt von jeder Geschichte. Man muß das, was ähnlich ist, nicht notwendigerweise auf das Wirken des Heiligen Geistes oder des Logos zurückführen. Dem Exegeten widerstrebt es, dort, wo Ähnlichkeiten zum Christentum bestehen, das Wirken von Geist und Logos anzunehmen – denn was soll dann aus den Unähnlichkeiten werden? Hat der Geist dann jeweils die Autoren verlassen? Warum äußerte er sich so gesprenkelt?

Hier wäre auch in systematischer Hinsicht die Frage nach dem Wirken Gottes zu stellen und wenigstens der Sprachgebrauch zu klären.

In der modernen Diskussion über Methoden in den Geisteswissenschaften hat man immer wieder vom Kontextprinzip großen Nutzen gehabt. Das heißt: Entscheidend für die Bedeutung eines Wortes oder eines Zeichens allgemein ist der nähere und weitere Zusammenhang.

Für das Christentum heißt das: Jesus empfängt und nimmt aus dem Judentum alles auf, aber er »sortiert« es, »filtert« es nach einem zunächst verborgenen Maßstab. Er nimmt positiv nur das auf, was zu ihm »paßt«, und so ist es mit jedem Menschen. Alles, was Jesus aufnimmt, gewinnt eine neue Mitte dadurch, daß er es mit seiner Sendung in Zusammenhang bringt. Der Maßstab ist zunächst nicht ein Credo, sondern seine Person. Alles, was er aufnimmt, wird auf diese Weise verwandelt, indem es einen neuen Stellenwert bekommt. Besonders im Johannes-Evangelium wird diese strenge Ausrichtung auf die neue Mitte gut deutlich. Schon an der Art, wie Jesus aufnimmt, wird deutlich, wer er ist.

Synkretismus, das heißt Vermischung von Elementen unterschiedlicher Religionen, ist dann nicht anstößig, wenn das, was übernommen wurde, erkennbar eine neue Funktion erhalten hat. So werden, wie wir sahen, die überwundenen Götter im Judentum pauschal Elohim genannt, sie haben ihre Namen verloren und tragen statt dessen die genannte Kollektivbezeichnung, damit man sie nicht anruft.

Alles ist ähnlich, und alles ist neu

Wie können diese beiden Satzhälften zusammen bestehen? Sie betrachten dasselbe von unterschiedlichen Perspektiven her und daher mit gleichem Recht. Wer eine der beiden Perspektiven vernachlässigt, wirkt unsachlich.

Sicher relativieren sich beide Satzhälften sachlich gegenseitig. Insbesondere ist es mißlich, Jesus gegen seinen jüdischen Hintergrund zu erklären.

Vor allem aber ist zu beachten, daß das Neue, das entsteht, mit dem, was es fremden Religionen verdankt, auf eine nicht mehr trennbare Weise verschmilzt. Es ist wie eine Legierung von Metallen, die nicht mehr zu scheiden ist. Alle Versuche, das Verhältnis zwischen »ähnlich« und »neu« auf dem Wege der Subtraktion zu lösen, sind gescheitert. Wo immer Reformer und Reformatoren versuchten, das Rad zurückzudrehen und das Neue wieder gegenüber dem durch Synkretismus Verformten herauszustellen, haben sie in Wahrheit selbst nur wieder Neues geschaffen, neue Legierungen – wie etwa die europäische Reformation eine Legierung mit dem Humanismus einging.

In seinen Ideen ist das Christentum nicht singulär. Christliche Ideen und solche aus fremden Religionen kann man nebeneinander schreiben und dann je nach Grundeinstellung entweder die Ähnlichkeit oder die Unähnlichkeit betonen. Nur muß grundsätzlich klar sein, daß es diese Beziehungen gibt.

Es wird zu fragen sein, in welcher Hinsicht dann von der Einzigartigkeit oder Besonderheit des Christentums die Rede sein kann.

Eine kopernikanische Wende?
Die neue liberale Religionstheorie

Darstellung der neuen Religionstheorie

Seit der Mitte der achtziger Jahre dieses Jahrhunderts gibt es – untrennbar verbunden mit den Namen John H. Hick (»Gott und seine vielen Namen«, 1985; »The Myth of Christian Uniqueness«, 1987) und Paul E. Knitter (»Ein Gott – Viele Religionen. Gegen den Absolutheitsanspruch des Christentums«, 1988) – einen intensiv diskutierten Entwurf über das Verhältnis zwischen Christentum und anderen Religionen. Dieser Entwurf ist erkennbar philosophisch be-

gründet, und zwar vor allem bei I. Kant, aber auch im angel-
sächsischen Utilitarismus und in der Theorie des Marktes.
Diese Theorie versteht sich als betont pluralistisch und pro-
klamiert den Abschied vom christlichen Absolutheitsanspruch. Soweit ich sehe, sind es fast ausschließlich christliche Theologen, die diese Position ersonnen, übernommen
und diskutiert haben.

Der Kern: Es gibt hinter der Vielfalt der einzelnen Götter
eine »an sich seiende« göttliche Wirklichkeit. Weil sie »an
sich« besteht, ist sie nicht faßbar. Keine einzelne bestehende
Religion kann dieses Absolute wirklich ausmessen. Dieser
»Gott« ist im strengen Sinne des Wortes unverfügbar und
unerreichbar. Das Geheimnis der Wirklichkeit Gottes
macht so gerade die Vielfalt der Religionen notwendig.

Dennoch ist »Gott« das universale Grundthema. Die Vielfalt der Erfahrungen ist unterschiedlich, aber gleichermaßen
authentisch auf dieselbe göttliche Wirklichkeit bezogen.

Dem einzigen »an sich« entspricht eine Vielfalt gleichrangi-
ger Offenbarungen. Sie ermöglichen eine Vielfalt menschlicher Antworten. Deren Wahrheiten ergänzen sich gegenseitig, und an möglichst vielen Versprachlichungen des einen
Geheimnisses könne man dessen »Beziehungsreichtum«
kennenlernen. Wahrheit gibt es so bestenfalls als Variation
eines universalen Grundthemas. Die Menschen sind in ihrer
Wahrnehmung begrenzt und sehen Gott nicht »an sich«,
sondern nur wie durch eine Linse. Und menschliches Leben
vollzieht sich stets im Vorletzten und Pluralen.

Ein Korrektiv, das die Vertreter dieser Theorie selbst formulieren: Nun ist nicht alles, was sich als Religion ausgibt, gleichen Ranges. Man spricht von legitimer und von illegitimer
Vielfalt. »Wer Zölibat und Ehe für zwar verschiedene, aber
gleichermaßen gute Lebensformen hält, muß deswegen
nicht zwangsläufig eine wilde Promiskuität als ebenso wertvoll erachten« (P. Schmidt-Leukel). In diesem Vergleich stehen Zölibat und Ehe für legitime Religionen, Promiskuität
für obskure Kulte.

Der Rang der Religionen ergibt sich aus dem Maß, in dem sie den Zustand des Menschen bessern wollen und können. Dieses pragmatisch-utilitaristische Prinzip nennt man »Vielfalt der Erlösungslehren«. Das Heil ist hiernach nicht davon abhängig, daß man eine bestimmte religiöse Meinung oder ein bestimmtes Dogma akzeptiert.

Der Wert einer Religion bemißt sich an ihrer Fruchtbarkeit für das »Heil«. Worin besteht es?

Überall gehe es darum, den egozentrischen Kern des Menschen umzuwandeln hin zu einem Altruismus. Nur insofern Religionen in diesem Sinne Heil bewirkten, seien sie gleichermaßen wahr.

Etwas weniger anspruchsvoll formuliert man es auch so: Die tiefste Botschaft des christlichen Glaubens sei »Gott ist die Liebe«. Ähnliche Einsichten existierten aber in anderen Religionen auch. Konsequenz: »Sollten wir dann nicht vernünftigerweise erwarten, der Inkarnation dieser Liebe auf der ganzen Welt zu begegnen?« (P. Schmidt-Leukel, Religiöse Vielfalt als theologisches Problem, in: R. Schwager [Hg.]: Christus allein? QD 160, 1996, 11–49, 42).

Man möchte so den christlichen Superioritätskomplex aufheben, der sich in Imperialismus, Kolonialismus und Rassismus geäußert habe. Man sagt es so: Die pluralistische Depotenzierung wirke konfliktmindernd. Das heißt: Bekenntnisse mit dem Inhalt, daß Gott in einer bestimmten Religion endgültig gehandelt habe, bringen Unfrieden.

Autoren dieser Richtung stellen dabei dem Leser zum Beispiel »eine ganz persönliche Frage«: »Würden Sie es sich, tief in Ihrem Herzen, wünschen, daß alle anderen Religionen dieser Welt verschwinden und alle Menschen Christen bzw. römische Katholiken werden? Oder haben Sie das intuitive Gefühl, daß dies für das religiöse Leben auf diesem Planeten Erde eine bedauerliche Verarmung wäre? Wenn Sie letzteres bejahen, wenn Sie den Wert der Vielfalt auch im Bereich der Religionen schätzen, dann ist Ihre Intention pluralistisch« (P. Schmidt-Leukel, a. a. O., 47).

Man hat gesagt: Religiöse Sprache ist wie die Sprache der Liebenden. Jeder meint und sagt, seine Partnerin sei die schönste. Man beruft sich auf den Kleinen Prinzen, der seine Rose für die schönste hält und durch den Anblick eines ganzen Feldes von Rosen verwirrt wird und die Liebe zu »seiner« Rose bedroht sieht.

Kritik an der pluralistischen Religionstheorie

Bereits in der verzweigten Diskussion ist an der skizzierten Theorie Kritik geübt worden. Diese Kritik soll hier aufgegriffen und fortgeführt werden. Was bisher geäußert wurde, umfaßt folgende Bereiche:

Der Vergleich mit der *Sprache der Liebenden* stimme nicht. Denn wer seine Frau liebt, bezieht das sehr bewußt auf sein Verhältnis zu ihr. Er will gerade nicht, daß alle anderen Männer mit ihr glücklich werden. Das ist bei den Religionen mit missionarischem Anspruch ganz anders.

Man nimmt Anstoß daran, daß es sich um eine *unhistorische* Betrachtungsweise handelt, die die einzelnen Religionen außer acht läßt. Schon bei H. S. Reimarus (18. Jahrhundert) war der Hauptanstoß für die Verwerfung der traditionellen Theologie die Verdammung der Angehörigen anderer Religionen, die die Liebe Gottes in Frage stelle. Dieses aufklärerische Denkmuster wiederholt sich in der pluralistischen Religionstheorie.

Es entsteht der Verdacht, daß es sich gar nicht um eine in den einzelnen Religionen jeweils *gleichartige Erfahrung* handelt, sondern um sehr verschiedene. Sind die Religionen der Welt letzten Endes doch inkommensurabel? Nur eine grenzenlose willkürliche Abstraktion ließ den Gott »an sich« entstehen. Aber wer sagt, daß gerade dies herauskommen muß, daß die Abstraktion gerade hier haltmachen darf? – Unklar bleibe erkenntnistheoretisch, wie ein transzendentes Wesen zum Beispiel als Jahwe erfahren werden könne, obwohl es das gar nicht sei.

Es entsteht ferner der Verdacht, daß diese ganze Theorie selbst inklusive ihres Gottes »an sich« eine *neue absolute* Religion sein wolle, denn zu jedem Pluralismus gehöre auch ein Stück Monismus. Die alte Tyrannei werde nur durch eine neue, übergreifende ersetzt. »Wessen Gott ist es, der allen Traditionen gemeinsam ist?« (P. F. Knitter). Die Antwort auf diese Frage sehen die Pluralisten auch hier wieder in der Erstrangigkeit von Heil und Erlösung, von Altruismus und Befreiung. Daran müsse alles gemessen werden.

Die Kritik an der Religionstheorie weist hin auf den so entstehenden unlösbaren Spagat zwischen Selbstrelativierung und Frömmigkeit. Die Antwort der Pluralisten ist hier: Auch schon innerhalb einer Religion relativiert sich der Beter selbst, indem er seine Worte als begrenzt erklärt und sich zurücknimmt. Hier sehen sie besondere Zusammenhänge zwischen Mystik und pluralistischer Religionstheorie (Demut und einvernehmliche Geduld), denn Wahrheit gibt es auch für den Mystiker nur als Suche nach ihr.

Man wendet gegen die Religionstheorie ein: In der »sanften Intoleranz« der pluralistischen Theorie sei man wieder einmal auf der gut rationalistischen Suche nach einem Universalraster für Religion – ein Prokrustesbett: »Das andere und Fremde wird nicht als das mich im Aufsprengen meines eigenen Horizonts radikal Anfordernde und vielleicht sogar Beglückende, sondern als Variation des universalen Grundthemas bedeutsam« (H. Verweyen). Gefordert sind in einer Religion eindeutige Antworten – auch dazu gebe diese Theorie keine Hilfe.

Zum Gleichnis vom Kleinen Prinzen hat man gesagt: »Natürlich sind alle Rosen im Grunde gleich, doch ist jene Blume, der sich der Prinz verpflichtet fühlt, nicht zuletzt aufgrund seiner Erfahrungen mit ihr einmalig und einzigartig« (J. Niewiadomski). Die Frage ist, ob das »im Grunde gleich« wirklich erfaßbar ist und nicht nur die verschiedenen Geschichten und Erfahrungen »wirklich« sind.

Bemängelt hat man die Unterbelichtung des Kreuzestodes

Jesu und seiner Bedeutung für das Heil in den pluralistischen Theorien.

Die Frage wird häufiger aufgeworfen, ob Religionen grundsätzlich, wie in dieser Theorie, aus der Außenperspektive – manche sagen: aus der Vogelperspektive – zu erfassen sind. Diese Frage des Zugangs wird uns noch beschäftigen.

Jesus in der pluralistischen Religionstheorie

Ein besonderer Stein des Anstoßes ist für die pluralistische Religionstheorie die Rolle, die Jesus im Christentum innehat. Während Gott »Vater« ungreifbar genug ist, setzt man bei der Christologie mit Nachdruck ein und fordert, sie müsse de-absolutiert werden.

Ein römisch-katholischer Systematiker erklärt: »Wir können daher nicht beanspruchen, Jesus sei die einzig bedeutsame, exklusive und absolute Offenbarung Gottes ...« (H. Kessler, Pluralistische Religionstheorie und Christologie, in: R. Schwager [Hg.] Christus allein? QD 160, 1996, 166), und so rechnet er mit weiteren Inkarnationen des Logos. Kriterium für solche Inkarnationen sei stets der »Geist der unbegrenzten Liebe«. Von dieser »unbedingten Güte« her müsse dann aber auch Sachkritik an den neutestamentlichen Texten geübt werden, die hinter Jesus zurückfielen (ibid., 167). Für mich ein merkwürdiges Vorgehen: Der Systematiker legt (in Anlehnung an das liberale Jesusbild des 19. Jahrhunderts) fest, was der Kern der Botschaft ist, kritisiert (»Sachkritik«) von dieser künstlichen Mitte her den Rest, der nicht dazu passen mag, und hätte offenbar keine Furcht, jeden weiteren Liebesapostel für eine weitere Inkarnation des Logos zu halten.

Ein weiterer Versuch wurde von R. Bernhardt vorgelegt (»Deabsolutierung der Christologie?«, in: R. Bernhardt u. a.: Der einzige Weg zum Heil? QD 143, 1993, 144–202). Sein Anliegen ist es zu bestreiten, in Jesus sei die Heilswahrheit allein, ein für allemal und endgültig präsent. Dafür weist er auf eine Reihe von Vorgängern, die immer wieder zwischen zeitbedingter Schale und wahrem Kern unterschieden hätten. Das Erschrecken über Kolonialismus und Antisemitismus sowie neue Christologien aus der sogenannten Dritten Welt hätten Christen im jüdisch-christlichen, aber auch im interreligiösen Dialog dazu gebracht, den christologischen Exklusivitätsanspruch preiszugeben.

Der Kern, auf den es in Wahrheit allein ankomme, sei in Person und Werk Jesu »vor seiner hellenisierenden Vergöttlichung, in der Wiederentdeckung des jüdischen Jesus im christlichen Christus« zu finden. Wenn man sich ferner pragmatisch am Erfolg orientiert, dann sind alle diejenigen religiösen Offenbarer genauso einzigartig wie Jesus, »die ein vergleichbares Werk der Heilsvermittlung getan haben«. Andere schlugen vor, Jesus mehr nach seiner Funktion (Vermittlung des Heils) als nach seinem Wesen (Gottmensch) zu beurteilen, um so Jesus etwas »vom Thron zu holen«. Aber die Alternative zwischen Wesen und Funktion ist den frühchristlichen Texten nicht angemessen. Es gibt kein »Wesen« ohne Funktion, und niemand kann wie Jesus das Heil wirken, ohne der Gerechte schlechthin zu *sein*. Außerdem hilft das nicht zur De-Absolutierung.

Einen Keil zwischen den jüdischen Jesus und seine hellenistische Vergottung treiben zu wollen, um Jesus zu de-absolutieren, ist wenig aussichtsreich. Denn einen Jesus ohne Anspruch auf Gottes Präsenz in ihm und auf göttliche Vollmacht hat es nie gegeben. Zudem war das Judentum bereits seit Jahrhunderten hellenisiert, und an Aussagen über Mose, Abraham, Jakob, Melchisedech, den Messias, Engel und den Hohenpriester kann man gut die jüdischen Voraussetzungen der Christologie studieren. Keineswegs ist Jesus per Subtraktion des Jüdischen vom Hellenistischen zu gewinnen. Und daß »Ostern« der Angelpunkt der Vergottung Jesu sei, ist ein exegetischer Forschungs-Mythos.

R. Bernhardt will sich damit helfen, daß er statt Inkarnation (Menschwerdung) lieber Inspiration (Begabung mit heiligem Geist) zur Grundlage der Christologie macht. Mir will es so scheinen, als sei Inspiration ohnehin ein geeigneteres Modell als herkömmliche Vorstellungen von Inkarnation, um die biblischen Texte über das Verhältnis zwischen Jesus und Logos zu verstehen. Aber auch dieses Modell trägt wohl kaum die Frucht, die Bernhardt erwartet. Doch Bernhardt erklärt: »Unter Berufung auf die Universalität des göttlichen Welt- und Heilshandelns kann die Unterstellung gewagt werden, daß neben dem Jesus-Weg andere, von ihm unabhängige und doch vollwertige Wege zu Gott führen« (S. 193) und »Der Anspruch auf absolute Einzigartigkeit (Einzigkeit) und auf abgeschlossene Endgültigkeit kann aus der Christologie ausgeschieden werden, ohne der Gottesereignung in Jesus etwas von ihrer universalen Bedeutung zu nehmen« (S. 196). Den übrigen, die hier an Offenbarungswahrheiten festhielten, wird vorgeworfen, eine orts- und zeitunabhängige Christologie betreiben zu wollen.

In der *Kritik* dieser Ansätze sind zunächst im Blick auf das Neue Testament einige bibeltheologische Kategorien zu klären, weil sonst die Gefahr dauernder Mißverständnisse besteht. Alle diese Begriffe sind sehr abstrakt und haben weder im Hebräischen noch im Griechischen Entsprechungen. Man kann daher nur versuchen, zu umschreiben, was ein frühchristlicher Schriftkundiger anführen könnte, um sich das Gemeinte vorzustellen. Zuerst wird jeweils der biblische Befund angedeutet, dann wird gesagt, was dieser Befund im Rahmen der Pluralismus-Debatte austragen könnte:

Absolut, Absolutheit: Anzubeten ist nur der eine und einzige Gott, denn er war, ist und wird der Kommende sein; wenn Jesus sagt »Ehe Abraham ward, bin ich«, macht er deutlich, daß die Verbindung zwischen dem Logos und seiner Person untrennbar ist (zur Vorstellbarkeit vgl. K. Berger, Im Anfang war Johannes, 1997, § 17). – Eine Absolutheit *des Christentums* gibt es nicht, weil die Offenbarung Neuen Testaments eine Person ist. Alles geht darum, in Verbindung mit dieser Person das Heil zu erlangen. Schon im Frühjudentum werden alle Gerechten (aller Völker) ihr Heil in Gemeinschaft mit dem Menschensohn erlangen (Äthiopisches Henochbuch, Kap. 71).

Einzigartig, einzig: Jesus ist der einzige Sohn Gottes (Johannes 1,18), Jesus ist der einzige Mittler zwischen Gott und Mensch (1 Timotheus 2,5). Einzigartig in ganz anderer Hinsicht ist jedes Ereignis der Geschichte. – Gewiß soll es außer Jesus nach Ostern auch weitere Kinder Gottes geben, aber er ist der Erstgeborene.

Universalität: Gott ist Schöpfer und Richter der ganzen Welt, Jesus ist Erlöser der Welt (Johannes 4,42). An alle Völker richtet sich die christliche Mission. – Ganz eindeutig ist es Ziel der neutestamentlichen Schriften, daß alle Menschen Christen werden. Um dieses Zieles willen wird um die beschneidungsfreie Heidenmission gerungen (unter vielen Opfern).

Endgültig: Jesus ist einmal und ein für allemal stellvertretend für die Sünden gestorben (1 Petrus 3,18; Hebräer 7,27; 9,12.28). – In der Pluralismus-Debatte wird der Tod Jesu fast gar nicht erwähnt, während das Neue Testament gerade und nur für den Tod Jesu von Endgültigkeit spricht.

Resultat

Von Wortlaut und Sinn der Schrift her sehe ich keine legitime Chance, die hier bezeichneten Positionen zu leugnen. Wenn man also die dogmatischen Begriffe so versteht, wie vorgeschlagen, dann entspricht ihnen der hier genannte biblische Befund, und *in diesem Sinne* gelten sie fraglos. Man kann natürlich meiner Position vorwerfen, sie sei biblizistisch. Aber umgekehrt ist der Umgang der Systematiker, die an der Pluralismus-Debatte beteiligt sind, mit der Schrift mehr als einmal extrem fragwürdig.

So muß der vielgequälte Wind aus Johannes 3,8, der weht,

wo er will, wieder einmal dafür herhalten, außerchristliche Wahrheiten zu legitimieren. Dabei geht es in dem Satz nur um den Wind in der Natur, der mit dem Getauften verglichen werden soll.

So wird, wenn Jesus nach Johannes 14,6 sagt: *Ich bin der Weg ...*, daraus abgeleitet, er betrachte sich nur als Weg und eben nicht und keineswegs als Ziel. Dabei sagen die beiden folgenden Ausdrücke »Wahrheit« und »Leben« Unüberholbares über Jesus als Ziel. – *Gott ist die Liebe* (1 Johannes 4,8b) macht man zur tiefsten Botschaft des Christentums, übersieht aber, daß sechs Verse vorher steht: *Jeder Geist, der nicht bekennt, Jesus als Mensch sei der Messias, ist nicht aus Gott.* – Aus Johannes 14,28 *Der Vater ist größer als ich* leitet man die Begrenztheit der christlichen Perspektive ab. Im Zusammenhang des Satzes geht es aber um Jesu Hingehen zum Vater, über das die Jünger sich freuen sollen! – Aus 1 Korinther 15,27f (der Sohn unterwirft sich dem Vater und übergibt ihm sein Reich) wird die Selbstrelativierung des Christentums hergeleitet. – Aus Matthäus 6,33 *(Suchet zuerst ...)* leitet man ab, daß nicht Jesus, sondern Gottes Reich an erster Stelle stehen müsse – was für eine Alternative! – Alle diese Künste würden schon im Proseminar scheitern. Wenn anerkannte Theologen so argumentieren, fragt man sich allmählich, wozu überhaupt Exegese gelehrt wird.

Sollte Jesus Christus wirklich sagen müssen: »Ich bin das größte Hindernis für die Einheit der Religionen«? – Und daß man gerne den im Judentum verwurzelten historischen Jesus ausspielen möchte gegen den Christus der Dogmatik, das ist ein altes Spiel, das schon dazu dienen mußte, liberalvolkskirchliche Kirchendistanz zu legitimieren. So läßt man Jesus ohne klaren Anspruch für sich selber und den »guten Gott« als alleinigen Inhalt seiner Botschaft übrig. – Ein durchschaubares Spiel und ohne ernsthafte Grundlage an den Texten (vgl. mein Buch »Im Anfang war Johannes«, 1997, § 5).

In Wahrheit gilt: Jesus Christus ist nicht zu lösen von seinem Leib, der Kirche, und der Glaube an Gott nicht von seinem Volk, dem einzigen Ölbaum Gottes. Und selbst die offensten Texte des Neuen Testaments in Matthäus 25 und Hebräer 11 lassen keinen Zweifel daran, daß Jesus der Vermittler des Heils ist und daß sich dieses daran entscheidet, ob man auf Erden mit ihm solidarisch war.

Vor allem aber gilt: Wenn die christliche Offenbarung zuallererst in einer Person geschehen ist, in Jesus Christus, und erst abgeleitet davon in deren Spuren in den Schriften des Neuen Testaments, dann müssen Zugang zu dieser Wahrheit und Teilhabe an ihr auch ihrer Eigenart entsprechen. Um diese Regeln müssen wir uns bemühen.

Daß es überhaupt angesichts des biblischen Befundes zur Position der pluralistischen Religionstheorie kommen konnte, hat mehrere Gründe, die nur kurz anzudeuten sind. Zum einen ist es die moralische Betroffenheit über Kolonialismus und Antisemitismus. Beide führte man direkt auf christliche Absolutheitsansprüche zurück. Dazu ist zu sagen: Der Mißbrauch ist nicht im Sinne des Neuen Testaments! Sicher sind Ansprüche auf Endgültigkeit immer deshalb riskant, weil Machtmenschen sie leicht und gern mißbrauchen können. Aber damit sind sie selbst noch nicht illegitim. – Zum anderen ist es das Gerücht vom Ende der christlichen Mission, das nun eine Theorie hervorruft. Richtig ist zwar, daß Mission unter Juden und Moslems sowie in Japan nicht viel gebracht hat. Richtig ist aber auch, daß in Afrika und in Asien das Christentum die am stärksten wachsende Religion ist.

Die Verwechslung von Betroffenheit und Glaubensposition liegt erkennbar dort vor, wo man im Ernst meint, aus Jesu Gewaltlosigkeit auf seinem Weg zum Martyrium eine »weiche« Position in der christlichen Wahrheitsfrage herleiten zu können. Beides schließt sich in Wirklichkeit strikt aus. Zu allen Zeiten hat es deshalb Märtyrer gegeben, weil sie in der Wahrheitsfrage unbeirrbar waren. Gewiß will schon lange niemand mehr mit Gewalt missionieren. Aber das ist doch nicht das Problem der Passion Jesu. Jesus hat sich selbst (!) eben gerade nicht relativiert, und deshalb wurde er – aufgrund welcher Mißverständnisse und Denunziationen auch immer – hingerichtet.

Da die pluralistische Religionstheorie auch im Gespräch mit anderen Religionen nicht erkennbar viel erbringt und fast ausschließlich von christlichen Theologen betrieben wird, muß man davon ausgehen, daß ihre hauptsächliche Funktion eine innerchristliche ist. Es geht wohl um den alten Kampf zwischen Aufklärung (Rationalismus und Moralismus; liberale Theologie) auf der einen Seite und kirchlicher Position (»Dogmatismus«, Bekenntnistreue etc.) auf der anderen Seite. Die notwendige Auseinandersetzung war durch die Nazis unterbrochen und wird erst jetzt geführt. In den vergangenen Jahren wird dieser Kampf immer stärker mit moralischen Mitteln ausgefochten, so daß die sogenannte Wahrheitsfrage von der Schuldfrage fast verschlungen wird. Auf diesem Feld erbringt dieser Kampf freilich neue Aspekte, von denen in der Folge die Rede sein wird.
Die Vernunft des einzelnen ist das Forum der Beurteilung und Verurteilung alles geschichtlich Gewordenen.
Diese Form von rationalistischer Aufklärung ist aus meiner Sicht der allzu ungeduldige Versuch, die eschatologische Universalität im Handstreich herzustellen. Insofern gehören Rationalismus und Parusieverzögerung (dieses Phänomen hat erst rationalistische Exegese selbst in die Theologie eingeführt!) zusammen.
Die pluralistische Religionstheorie ist freilich nicht so neu, wie behauptet wird. Sie ist selbst relativ leicht in eine sehr profilierte Religionsgeschichte einzuordnen, deren Teil sie ist und deren Dogmen sie getreulich wiederholt.

Rationalismus als Religion

Die Geschichte der abendländischen Religionskritik weist zwei große Epochen auf: das 5. Jahrhundert v. Chr. bis zum 4. Jahrhundert n. Chr. und die Zeit seit dem 18. Jahrhundert (Aufklärung) bis jetzt. Namen der Antike: Xenophanes von Kolophon, Lukian, Kelsos, gegen den Origenes schrieb, Kaiser Julian. Aus der Neuzeit: die englischen Deisten, H. S. Reimarus, L. Feuerbach, D. F. Strauß, K. Marx.
Untersucht man diese Autoren im Zusammenhang, so findet man zunächst, daß die Argumente der antiken Religionskritiker (die sich großenteils bereits gegen das Christentum wenden) überraschend viele Gemeinsamkeiten mit den Vertretern aus der Zeit der Aufklärung und des Idealismus aufweisen. So verknüpfen die meisten Wunderkritik und die Theorie vom Priesterbetrug.
Noch interessanter aber ist, daß diese scharfen Kritiker des Christentums die Substanz ihrer Argumente nicht der Kritiksucht, Nörgelei oder der Lust am Aufdecken von Fehlern verdanken, sondern einer wirklichen Position, die sich selbst dogmengeschichtlich beschreiben läßt. Das heißt: Diese Position ist selbst ein inhaltlich gefüllter Standpunkt, der sich keineswegs darin erschöpft, daß diese Kritiker gemeinsam »nichts glauben«. Im Gegenteil: Die Religionskritik ist nur Beiprodukt einer beschreibbaren Religion mit eigenen Konturen, die sich mit großer Stabilität vom 5. Jahrhundert v. Chr. bis heute erhalten hat und die auf bisher ungeklärten Wegen Spätantike und Mittelalter überlebt hat. – Auch das, was man landläufig unter alter (antiker) und neuer (neuzeitlicher) Gnosis versteht, hat einen beträchtlichen Anteil an dieser Religion, ist aber wegen des hohen Anteils neuer Kunst-Mythen und zugehöriger Magie nicht ausschließlich von dort her zu erklären.
Zu dieser Religion gehören folgende Elemente:
– Ihre Vertreter sind Angehörige der Oberschicht, häufig berufsmäßige Intellektuelle (Philosophielehrer).

– An die Stelle eines obersten Gottes tritt die Weltvernunft, an der der Mensch Anteil hat oder haben kann, wenn er sich belehren läßt. Diese Vernunft ist eine und unfaßbar.

– Die Welt steht zu dieser Vernunft nicht im Verhältnis der Schöpfung oder des Geschaffenseins, sondern sie ist prozeßhaft organisch daraus hervorgegangen.

– Vernunft und Moral sind die beiden wichtigsten Arten der Teilhabe an der Weltvernunft. Besonders gilt das für die »Goldene Regel«.

– Positive Offenbarung (Orakel, Visionen) wird ebenso abgelehnt wie Opfer (besonders: blutige), Priester, Tempel und Rituale. Da es nichts dinglich Heiliges gibt, bleibt nur der Mensch als Heiligtum.

– Persönliche Götter werden abgelehnt.

– Mythen und Mythologien werden als des Göttlichen unwürdig abgelehnt. An deren Stelle tritt die Philosophie. Sofern die Mythen aus gesellschaftlichen Gründen beibehalten werden, erklärt man sie allegorisch. Das heißt, man entdeckt in den Erzählungen nur das Gerüst der eigenen Philosophie wieder.

– Die Vernunft wird als Licht begriffen. Philosophische Erleuchtung tritt an die Stelle von Orakeln und Visionen.

– Es gibt eine verbreitete Tendenz zu Vegetarismus bzw. Ablehnung jeglichen Fleischgenusses.

– Die Vernunft dient vor allem der Wunderkritik. Man sieht außer in blutigen Opfern besonders in den »Mirakeln« Grund zu Spott und Kritik.

– Die rationalistische Religion lebt nicht zuletzt von der Opposition gegen die jeweils positive Religion. Dahinter spiegelt sich ein Führungsproblem in der hellenistischen Gesellschaft und entsprechend in späteren Gesellschaften. Die rationalistische Religion ist daher ein Phänomen der intellektuellen Oberschicht. Die sogenannten Anthropomorphismen der Volksreligionen werden verachtet und sachlich für überflüssig erklärt. Bestenfalls sagt man, sie seien zwar Lüge, doch pädagogisch notwendig.

Diese rationalistische Religion zeigt erbitterten Widerstand gegen die Verknüpfung von polytheistischem Mythos, Kultus und Klerus. Um sie als Religion wirklich würdigen zu können, müssen wir uns freilich frei machen von dem klassischen Verständnis der großen Weltreligionen, das eine Religion häufig durch eben diese drei Elemente bestimmt sieht. Auch um eine Buchreligion handelt es sich nicht, obwohl dazu die größten Affinitäten bestehen.

Mein Vorschlag geht daher dahin, den Katalog der klassischen Religionen um einen eigenen Typus zu erweitern, eben den der rationalistischen Religion. Nach der üblichen Einschätzung der Religionen wäre sie ein Phänomen quer zur Abfolge der Weltreligionen. Aber sie weist einen eigenen Mythos, eine eigene Gottes-, Schöpfungs-, Erlösungslehre und eigene Ethik auf. Daß sie deutlich wissens-soziologisch zu bestimmen ist, gehört zu ihren Eigenarten.

Resultat: Es liegt eine voll ausgebildete Religion vor, in der von der Kosmogenese bis zur Gotteslehre, von der Ethik bis zur Erlösungslehre alle wichtigen Elemente vorhanden sind. Für unsere Fragestellung bedeutet das: Die pluralistische Religionstheorie unserer Tage ist keine kopernikanische Wende, sondern ein Neuaufguß der rationalistischen Religion. Keineswegs geht es dabei nur um kritische Vernunft, vielmehr finden sich hier eine ganze Reihe dogmatischer Grundbehauptungen, die absolut genommen nur ein Gegenbild kirchlicher Glaubensherrschaft darstellen.

Eine Alternative muß sich verstärkt dem Phänomen der Geschichte zuwenden.

5. TEIL

Glaube und Geschichte

Von einem bekannten Theologen dieses Jahrhunderts (Karl Rahner) stammt – leicht abgewandelt – der Satz: Wäre ich nicht christlich getauft und erzogen worden – es wäre unwahrscheinlich, daß ich Christ wäre. Den Satz sollte man nicht als Kritik an der mangelnden Attraktivität der Kirche verstehen und auch nicht auf Kosten derer, die unter Mühen und Kämpfen Christen wurden. Der Satz ist vielmehr ein demütiges Eingeständnis dessen, daß Christsein kein Verdienst ist, daß es in der Regel geschenkweise oder aufgrund historischer Umstände vermittelt ist und nicht aufgrund heroischer Entscheidungen. Das Eingeständnis Rahners ist aber auch deshalb theologisch wichtig und interessant, weil es ein für allemal den Raum der Geschichte als den Ort ausweist, an dem all unser Christsein zustande kommt. Jede Frage nach Einzigkeit und Absolutheit muß beachten, daß in der Geschichte alles einzig und nichts absolut ist. Und daß weder das Christentum, das wir empfangen, noch unsere Taten »rein« sind, sondern daß alles geschichtlich bedingt, vermittelt, begrenzt und nur teilweise steuerbar ist. Denn immer sind es viele Faktoren, die hier wirken, fast nie nur ein einziger.

Die Unmöglichkeit, aus der Geschichte herauszutreten

Zu den grundsätzlichen Zugewinnen der neueren Philosophie gehört die Einsicht, daß Menschen auf dem Feld des Dialogs und der Wissenschaft über ewige und übergeschichtliche Wahrheiten nicht verfügen können. Damit ist *nicht* bestritten, daß es überzeitliche Wahrheit überhaupt gibt; es ist nur klar abgegrenzt, wo und in welchem Zusammenhang man sich darauf nicht berufen kann. Es ist auch nicht bestritten, daß es innerhalb der Zeit Verbindliches geben muß.

Positiv sagt die These: Unser Wahrnehmen ist perspektivisch. Es geschieht immer an bestimmtem Ort und zu bestimmter Zeit.

Für unsere Fragestellung bedeutet das, wie schon andere festgestellt haben: Wissenschaftliche Theologie kann über den Wahrheitsgehalt anderer Religionen keine Auskunft geben. Aber auch für den glaubenden Christen gehört diese Frage nicht zum Aussagenfeld seines Glaubens.

»Die *Epoché*, sich des Urteilens zu enthalten, ist deshalb angemessen, weil zu solch einem Urteil auch gehörte, die Grenzen und Bedingungen festzulegen, unter denen Heil noch möglich und wann es nicht mehr möglich ist. In solch einem Fall aber ist die Wahrheitsfindung nicht mehr offen, sondern setzt sich auf den Richterstuhl Christi, der uns nicht gebührt. Jede Festlegung – allerdings muß deutlich gesagt werden: nach beiden Seiten! – wäre ein Rückschritt ...« (Th. Sundermeier, Evangelisation und die »Wahrheit der Religionen«, in: R. Bernhardt [Hg]: Horizontüberschreitung, 1991, 175–202, 187). Wichtig ist, daß Sundermeier die Festlegung nach beiden Seiten hin verhindern möchte. Aussagen über Heil oder Unheil, Wahrheit oder Unwahrheit sind hier außerhalb der Reichweite unseres Urteilens. Sowohl Dogmatiker älterer Art als auch Rationalisten versuchen jedoch beides. Dogmatik oder Apologetik älteren Stils wollte gerne das Christentum als besser und überlegen erweisen und hat dazu auch die religionsgeschichtliche Methode »benutzt«. – Ähnlich ahistorisch gehen die Rationalisten vor, die zu wissen behaupten, hinter allen Religionen stehe derselbe Gott.

Zwei Mißverständnisse sind hier zu vermeiden:

– Unsere Bedenken, unsere Wahrnehmung werde stets perspektivisch bleiben, richten sich nicht gegen die Möglichkeit historisch-kritischer Forschung. Hier sind, wenn irgend möglich, die konfessionellen oder einseitig rationalistischen Vor-Urteile zu überwinden. Jedenfalls gewinnt hier die wissenschaftliche Forschung ihre Würde daraus, daß man eine solche Überwindung jedenfalls *versucht*. Anders ist es mit sogenannten ewigen, transhistorischen Wahrheiten. Solche erkennen zu wollen bedeutet den fragwürdigen Versuch, zeitbedingte Elemente aus dem Gegenstand der Untersuchung, dem Christentum, zu entfernen, wobei der Maßstab ganz offen und willkürlich zu sein scheint. Historisch-kritische Methode dagegen will solche zeitlichen Dinge gerade erst feststellen.

– Unser Urteil richtet sich nicht gegen Dogmatik, sofern sie notwendiges kritisches Nach-Denken und Zu-Ende-Denken dessen ist, was die Kirche jeweils glaubt.

Vielmehr ist dieses hier *unser Anliegen:*

Es erscheint unmöglich, eine Religionstheorie anders als aus der Teilnehmerperspektive und als theologische Selbstreflexion dieser Gemeinschaft zu formulieren.

Die folgenden weiteren Schritte in Richtung auf einen eigenen Lösungsvorschlag setzen ein bei der Klärung sogenannter hermeneutischer Grundentscheidungen. Diese betreffen vor allem die grundsätzlichen Möglichkeiten, einen Dialog mit fremden Religionen zu führen. Fragen gibt es hier genug: Was ist das Ziel eines Dialogs? Kann man Wahrheitsmomente in anderen Religionen überhaupt herausfinden und beurteilen? Was hat religionsgeschichtliche Forschung, die ja doch gerade in bezug auf die Bibel mit ungeheurem Aufwand betrieben wurde, in systematischer Hinsicht, das heißt für die »Sache«, erbracht?

Ist Wahrheit lehrbar?

Hier geht es um die Frage, wieweit ein Außenstehender einer fremden Religion Wahrheit oder Unwahrheit in den Lehr-Auffassungen bescheinigen kann. Ich beschränke mich dabei ausdrücklich auf den Punkt der Lehrauffassungen. Ich bin nicht der Meinung, Judentum und Christentum hätten keine Wahrheit anzubieten, aber ich denke, daß diese nicht durch Lehrvergleich wissenschaftlich objektiv ansichtig werden kann.

Zwei Richtungen der Religions- und Geistesgeschichte trauen sich hier indes, wie schon angedeutet, ein Urteil zu: Dogmatiker alten Stils und Aufklärer. Beide meinen, von einem außerhalb der Geschichte existierenden Standpunkt her klar befinden zu können, was Wahrheit oder Unwahrheit ist. Der Dogmatiker alten Stils urteilt von konstanter ewiger Wahrheit aus, der Aufklärer von der Ratio her. – G. E. Lessing ist hier den Aufklärern schon entwachsen; er scheint mit seiner Ringparabel an der »Wahrheit« gar nicht mehr interessiert. Vielmehr ist praktizierte Ethik, das Vermögen, »vor Gott und Menschen angenehm« zu machen, Kriterium des wahren Ringes. »Sich selbst am meisten zu lieben« ist das Kriterium der Unwahrheit.

Aber wenn es wirklich um Wahrheit gehen soll, um die Frage, ob eine Religion in diesem oder jenem Punkt sachlich recht habe oder nicht, so scheint das verläßlich zu beurteilen um so weniger möglich, je mehr es das Zentrum einer Religion betrifft. War es zum Beispiel nicht wahr, daß Mohammed aus der Grotte unter dem Felsendom entrückt wurde?

Auch in Randgebieten scheint es schwierig, etwa in der Frage, ob Frauen vor anderen einen Schleier tragen müssen oder nicht. Haben hier die Christen recht mit ihrer Auffassung, die Moslems nicht? Sind die Menschenrechte etwas, mit dem man »recht« hat, oder nur etwas, dessen Einhaltung man fordern kann? Auf welcher Grundlage dann?

Mir scheint es eher eine besondere, nur übertragene Form von Dogmatismus zu sein, eine fremde Religion im Sinne des Abhakens einer Liste von Punkten (Topoi) der Dogmatik anzugehen. Denn da geht es in allererster Linie um Lehre und Lehrdifferenzen, aber das Ganze kommt als Lebensvollzug so kaum in den Blick. So kann man fragen, was der Koran über Jesus sagt und was fehlt. Das ergibt eine Liste – aber was dann? Es gibt in jeder fremden Religion Elemente, die den christlichen Auffassungen näher stehen, und solche, die ihnen ferner stehen – aber was sagt das über die fremde Religion im Ganzen?

Genauso unsinnig ist es natürlich, die Heilsfrage beantworten zu wollen. Können wir mehr sagen, als Israel gesagt hat? Meine These: Jeder, der ein ernstzunehmendes Urteil fällen möchte über Wahrheit und Heil, Unwahrheit und Verdammnis anderer Religionen und ihrer Anhänger, überschreitet seine Kompetenz. Denn wir haben nicht alle Religionen wie aus der Vogelperspektive betrachtet vor uns. »Wissenschaftlich« beurteilen können wir daher

– weder deren gleichen oder ungleichen Rang
– noch deren größere oder geringere Nähe zur Wahrheit
– noch die Frage der Heilschancen für ihre Anhänger

Wer die Religionen, von einem Außenstandpunkt her betrachtet, als »gleichwertig« beurteilt, setzt sich auf Gottes eigensten Richterthron und maßt sich – dürfte man G. E. Lessing glauben – mehr zu wissen an, als Gott weiß, von dem gelten soll: »Da er ihm die Ringe bringt, kann selbst der Vater seinen Musterring nicht unterscheiden.«

Auch der praktische Kontakt zwischen Religionen vollzog sich in der Regel nicht durch »Beurteilung« der anderen, sondern durch Überlagerungen etc.

Die wichtigsten Gründe für diese Unmöglichkeit, hier über Wahrheit zu urteilen, sind:

– Die eigene wie die fremde Religion ist nicht primär eine Sammlung von Lehrmeinungen, die sich synoptisch nebeneinanderstellen und ver- oder ausgleichen ließen.

– Im Unterschied zur Meinung von Vertretern der Aufklärung und der pluralistischen Religionstheorie können wir aus der eigenen konkreten Geschichte nicht aussteigen.

Besondere Merkmale
des christlichen Wahrheitsbegriffs

Da nach dem Verständnis des Neuen Testaments Wahrheit und Offenbarung nicht irgendwelche Richtigkeiten sind, sondern eine Person, wird diese Wahrheit auch anders ansichtig als durch eine überzeugende Lehre. Es ist gut, wenn es solche Lehre gibt, und Apologeten aller Zeiten haben ihre Überlegenheit über andere Lehren redlich verteidigt. Aber darum kann es hier nicht gehen. Die Probleme der Differenz zwischen Christentum und Buddhismus werden nicht dadurch gelöst, daß ich beweisen möchte, die christliche Lehre von der Auferstehung sei »besser« oder »richtiger« als buddhistische Erwartungen. Es geht um den Lebensvollzug in der Jüngerschaft Jesu. Dieser umfaßt sicher auch Überzeugungen und Erwartungen, aber seine Evidenz liegt darin, daß ich mit dem Blick auf diesen Herrn besser leben und sterben kann als vielleicht mein Nachbar, der sagt, er glaube an nichts. Diese Evidenz wird daher auch nicht nur und nicht zuallererst durch Belehrung und Indoktrination vermittelt, sondern durch den Lebensstil von Zeugen, die glaubwürdig das Licht Jesu weitertragen.
Mit diesen Einschränkungen möchte ich zunächst nur andeuten, daß die Frage der gleichen Wahrheit oder Gleichberechtigung der Religionen eine durch rationalistische Aufklärung aufgezwungene ist, zu der das Christentum quer steht.
Die These der Gleichwertigkeit und Gleichrangigkeit der Religionen ist eine im höchsten Maße seelsorgerliche. Denn im Schlepptau der Medien vertreten sehr viele unserer Mitbürger und -bürgerinnen die Meinung der pluralistischen

Religionstheorie. Dabei ist die Sehnsucht nach einem Ende konfessioneller Streitigkeiten das wichtigste Motiv. Es entspricht dem Harmoniebedürfnis für alle Dinge, die den Feierabend betreffen. Und dogmatische Streitigkeiten auszufechten, dazu fehlt der Kairos. Aber, wie schon angedeutet, geht eine ganz andere als eine nur dogmatische Wahrheit dabei verloren, nämlich die der Orientierung und Ausrichtung des Lebens in einem Lebensstil, der früher auch die Alltagsfrömmigkeit umfaßte.

Resultat: Da wir es im Christentum nicht in erster Linie mit einem Lehrgebäude, sondern mit einer Lebensgemeinschaft (Jüngerschaft, Kirche) zu tun haben, steht seine Wahrheit nicht parallel und gleichberechtigt neben anderen Meinungen, sondern quer dazu. Und es entsteht der Verdacht, daß auch andere Religionen sich nicht auf die Ebene der Lehre projizieren lassen. Dadurch wird das aufklärerische Modell zusehends fragwürdiger.

Konkretion: Frieden über der Geschichte
Meditation zu Lukas 1,67–79

Gelobt sei der Herr, der Gott Israels. Denn er hat sein Volk aufgesucht und mit Erlösung beschenkt. Er hat uns ein Horn des Heiles aufgerichtet im Hause seines Knechtes David. So hat er es von alters her durch den Mund seiner heiligen Propheten zugesagt, uns zu retten vor unseren Feinden und aus der Hand aller derer, die uns hassen, barmherzig zu handeln mit unseren Vätern und an seinen heiligen Bund zu denken, an den Eid, den er unserem Vater Abraham geschworen hat. Er wollte uns geben, ohne Furcht, errettet aus der Hand unserer Feinde, ihm zu dienen in Heiligkeit und Gerechtigkeit vor ihm all unsere Tage. Und du, Kind, wirst ein Prophet des Höchsten heißen ... darin wird uns die Sonne aufsuchen, die aus der Höhe aufgeht, um denen auf-

*zustrahlen, die in Finsternis und Todesschatten sitzen ...
und unsere Füße zurechtzubringen auf den Weg des Friedens.*

Verheißung – dieses schöne deutsche Wort hat einen Glanz
wie altes Gold. Da kommt es nicht auf die Länge der Zwi-
schenzeit an. Wenn nur eine Verheißung besteht, dann
leuchten ihre Worte über die Zeiten hin. Was ist schöner als
die Hoffnung auf uneingelösten Segen? Verheißung ist an-
gekündigtes Heil, geheimnisvoll unscharf angemeldet, oft
als Rätselwort und in Bildern, doch sicher ist, daß Verheißung Segen bedeutet, märchenhaft oft. Gott hat also sein
Wort gehalten, seinen Schwur erfüllt, seines Bundes gedacht, sein Volk mit Erlösung heimgesucht.
Als erste Adressaten von Gottes treuem Wort werden sie
hier genannt: Abraham, die Väter, David, die Propheten
und schließlich Johannes, der Knabe, der im Lied angeredet
wird. Er, der letzte und größte der Propheten. Von ihm gilt
wie von keinem anderen das geheimnisvolle prophetische
Wort der Apokalypse des Baruch: »Die Jugend der Welt ist
vergangen, und die Kraft der Schöpfung ist schon am Ende,
und das Kommen der Zeiten ein klein wenig – und es wird
vorübergegangen sein. Und nahegekommen ist der Krug
dem Brunnen und das Schiff dem Hafen und die Karawane
der Stadt und das Leben dem Ende.«
Denn jetzt mit Johannes ist es soweit: Der Krug ist dem
Brunnen nahe, das Schiff dem Hafen, die Karawane der
Stadt. Denn für alle drei gibt es dort jeweils Trinkwasser, im
Brunnen, im Hafen und in der Stadt in der Wüste. Johannes
ist schon ganz nahe an dem, der lebendiges Wasser geben
wird. Keiner muß mehr in der Wüste verdursten.
Gott hat sein Handeln begonnen mit den Worten an sie, an
Abraham, David, die Propheten. Wie beim Luftbrücken-
denkmal zum Gedenken an die Blockade Berlins sind diese
alten Verheißungen Gottes der eine, hochragende Brückenpfeiler, aufgestellt in Richtung Erlösung.

Das ist der adventliche Charme dieses Liedes und auch der beiden anderen lukanischen Lieder, des *Magnificat* und des *Nunc dimittis*: Zacharias spricht so mitreißend von der Sehnsucht Israels. Wer könnte Israel begreifen ohne seine unausgesetzte Sehnsucht nach dem Morgenrot der messianischen Zeit? Ohne die Sehnsucht nach Freiheit und Erlösung von der Angst? Vielleicht lieben wir deshalb unseren Messias so wenig, schämen uns eher seiner, weil wir diese Sehnsucht nicht mehr verstehen. Und damit trifft uns das Wort des Heiligen Bernhard ins Herz: »Wenn ihr keine Sehnsucht habt, werdet ihr nicht wirklich lieben können.«

Aber auch deshalb fasziniert das Lied des Zacharias: Es strahlt etwas aus, das uns Deutschen nicht weniger fremd ist als die Sehnsucht Israels, nämlich Versöhnung über der Geschichte. Denn wir sind die Unversöhnten, die Zerrissenen, wir werden nicht fertig mit unserer Schuld und den Folgen der Teilung. Im Lied des Lukas dagegen: Versöhnung über der Geschichte. Denn Gott setzte nicht nur den ersten Brückenpfeiler der Verheißung, sondern auch den dazugehörigen der Erfüllung. Dazwischen der weite, kühn geschwungene Bogen der Sehnsucht. Nicht menschliches Versagen ist hier das Thema, sondern Gottes Treue. Wenn wir nur auf ihn blicken: Bei ihm ist Anfang und Ende. Er verheißt und er erfüllt, er befreit von den Feinden.

Auch das war unser Thema: unsere Feinde. Darf man überhaupt noch von Feinden reden? Ideologien und Süchte haben deren Ort, oft heimtückisch verkrallt in uns unter dem Deckmantel von Freunden.

Unser Lied dagegen strahlt fast überirdischen Frieden aus, der Singsang über die Verheißung von alters her. Die fernen Namen aus altersgrauer Vorzeit, Abraham, David, die Propheten, sie sind wie vom Anfang eines Regenbogens auf der Erde in Licht getaucht, und dann spannt sich der Bogen zu uns hin. Die Väter sind solche, in die Gott schon sein reines Wort gelegt hat. Und auf der anderen Seite des Regenbogens stehen wir, wiederum in Licht getaucht. Uns will Gott endlich von unseren Feinden befreien. Dann können wir vor ihm dienen in Heiligkeit und Gerechtigkeit. Nicht ohne Gott modern sein, sondern leben vor Gott.

Viel zu selten nehmen wir wahr, daß am Anfang des Christentums nach allen Evangelien nicht eine Gestalt, sondern deren zwei stehen: Johannes und Jesus. Johannes – der größte Prophet. Machen wir wirklich ernst mit dieser Meinung Jesu über ihn? Er steht auch für das, was der Messias noch wirken wird. Wie ein weiterer Brückenpfeiler in die Zukunft gerichtet.

Der Schluß des Liedes spricht vom Aufgang aus der Höhe, und das ist nichts anderes als die Sonne. Sie scheint für alle, die in Finsternis und Todesschatten sitzen. Die Sonne der Gerechtigkeit – das ist der Herrscher aus dem Osten, der den Raubrittern und Ausbeutern ein Ende macht und die Niedrigen erhöht. Der Herrscher, der aus der Sonne, aus dem Osten erscheint. So haben ihn Ägypter, Syrer, Juden und Perser erwartet, so haben es die Römer befürchtet. Die Sonne der Gerechtigkeit zum Weg des Friedens steht für die Sehnsucht aller Völker. Sie sehnen sich nach dem neuen Regiment, wie der Wächter das Morgenrot ersehnt. Wie er den Tag herbeiwünscht, den nächtlicher Schrecken bedroht. Jesus, der neue Herrscher aus dem Osten, ist noch immer eine Irritation für jede irdische Macht. Jede christliche Kirche ist ein Thronsaal dieses Herrschers, dieser neuen Art von Regiment über die Völker.

Auch das gehört zu unserer wackeligen Identität, daß man streitet, ob das Schema Verheißung–Erfüllung nicht schon antijüdisch sei,. weil die nicht-christlichen Juden leer ausgingen. Aber: In Verheißung und Erfüllung zu denken, das ist ein biblisches Schema, schonend wie kein anderes.

Unsere Krankheit besteht darin, daß wir meinen, das sei schon Christentum: an der Stelle praktizierten Glaubens und geübter Liebe, die viel kosten, lediglich in intellektuellen Betroffenheitsübungen auf unser Eigenstes zu verzichten, was im übrigen niemandem nützt und womit auch niemand etwas anfangen kann. Denn alles Christliche im Neuen Testament ist auch jüdisch. Und das Lied des Zacharias wird von Judenchristen überliefert, die ihren Glauben als messianisches Judentum ansehen, nicht aber als Zerstörung ihrer Religion oder gar deren Abwertung, ganz im Gegenteil.

Und die völlige Gleichrangigkeit nicht nur mit dem Judentum, sondern auch mit allen anderen Religionen zu behaupten oder gar leben zu wollen – das ist einerseits eine Aufgabe des lieben Gottes, andererseits auf anderer Ebene die Aufgabe des Religionsphänomenologen. Wer keines von beiden ist, sollte davon absehen. Denn wenn ich die völlige Gleichstellung aller Religionen behaupte und aus dieser bequemen Selbstbescheidung den Rest meines Christentums bestehen lasse, verliere ich den Boden unter den Füßen. Ich spreche von vermeintlich progressiven Christen, die vor lauter moralischer Betroffenheit kein Kreuz mehr aufzustellen wagen, nur noch einen siebenarmigen Leuchter. Wo doch beides zusammengehört wie schon im romanischen Braunschweiger Dom.

Und was die Religionswissenschaft betrifft: Der notwendige Dialog mit anderen Religionen kann nur die Folge, eine Folge und ein Teil, aber nicht der Ersatz gelebten Christentums und der eigenen praktizierten Frömmigkeit sein. Das ist theoretisch klar, in der Praxis aber ist Toleranz oft als einzige sogenannte christliche Praxis geblieben – eine schwache Toleranz, die bei jedem Lüftchen umkippt in totale geistige Selbstverleugnung.

Das Gegenteil ist nicht Dogmatismus, sondern eine Identität, die sich von der Sehnsucht formen läßt. Sage mir, was du ersehnst, und ich sage dir, wer du bist. Sollte es stimmen, daß wir in Wahrheit nichts mehr von unserer Religion erwarten? Sind nicht viele zufrieden, wenn sie die Kriminalgeschichte des Christentums entlarvt haben? Finsternis und Todesschatten bleiben dann zurück.

Wir praktizieren unsere Religion nicht selbst, und Vertreter anderer Religionen fassen unsere Anbiederungen oft als eine

Art Hilferuf auf: Gebt uns geistlich etwas zu essen, wir verhungern. Wir reden über Religionen und wissen in der Regel fast nichts aus eigener Anschauung von dem, worüber wir reden. Einem meiner Kollegen erging es so: Erst anhand tibetanischer Götter habe er wahrgenommen, was Religion ist. Warum nicht schon am Alten Testament, am Tempel, in den Jesus selbst ging? Warum nicht am Stundengebet der Nonnen und Mönche aller Kirchen, zu deren eisernem Bestand die drei lukanischen Lieder gehören?

Wenn wir den eigenen Glauben liebgewinnen wollen und anfangen, religiöser zu leben, könnten wir zum Beispiel die judenchristlichen Lieder des Lukas nachsprechen. Ich kenne keinen christlichen Text, der diese drei Lieder an Schönheit überträfe. Und mit Schönheit meine ich etwas, das tief zu Herzen geht, das unserer Sehnsucht eine Gestalt schenkt. Es sind die großen Bilder vom heiligen Bund, vom Dienst vor Gott, vom Weg des Friedens, vom Todesschatten und von der Sonne der Gerechtigkeit.

Vielleicht gibt es verschüttete Sehnsucht und messianische Hoffnung in uns. Sie könnten unser Handeln formen, und man würde es an der Großzügigkeit merken. Denn die Jugend der Welt ist vergangen, und die Kraft der Schöpfung ist schon am Ende, und das Kommen der Zeiten ein klein wenig – und es wird vorübergegangen sein. Und nahegekommen ist der Krug dem Brunnen und das Schiff dem Hafen und die Karawane der Stadt.

Geschichte und Ärgernis

Kirchliche Sprache aller Konfessionen hat es an sich, ein mildes Klima sanfter Ausgeglichenheit und unanstößiger Harmlosigkeit zu produzieren. Niemand soll verschreckt, niemand aufgeregt werden. Alles hat seine Ordnung, alles ist verwaltbar. Dieses Klima ist tödlich für die Botschaft der Evangelien. Denn diese Botschaft lebt davon, daß das Außerordentliche das Maß des Christlichen ist. Und sie lebt auch davon, daß Jesus weder »als Mensch« ein harmloser frommer Bruder war noch daß er gar »als Gott« Menschen zu geordneter Rechtgläubigkeit geführt hätte. Wo sichtbar wird, daß Gott in ihm wohnt, geschieht es vielmehr stets auf eine Weise, die die geltende Moral und die allgemeine Gutwilligkeit zu verletzen scheint. Warum läßt er Lazarus durch Säumigkeit erst sterben? Warum läßt er sich mit teurem Öl salben, statt das Geld den Armen zu geben? Warum verflucht er den offensichtlich unschuldigen Feigenbaum? Warum enteignet er Esel zum Einzug nach Jerusalem? Warum verletzt er die religiösen Gefühle derer, die am Sabbat fromm in der Synagoge sind, und heilt nicht am Vortag? Warum läßt er die Jünger, als er durch die Saaten geht, Ähren ausreißen, nur weil er dort gehen will (nach Markus haben die Jünger noch nicht einmal Hunger)? Die Antwort: Weil Gottes Gegenwart immer Konflikt mit dem bloß Ordentlichen bedeutet, weil Religion mehr ist als Sozialethik, weil er auf diese Weise Menschen systematisch zum Nachdenken bringen will, sie hineinverstricken will in das Geheimnis des Reiches Gottes.

Aus diesem Grunde läßt Jesus es auch offen, wer er selbst ist. Nirgendwo formuliert er im Sinne eines Titels eindeutig, wer er ist. Er läßt die Menschen Vorschläge machen: Bist du Elia? Einer der Propheten? Du bist der Sohn Gottes! Bist du der König der Juden? Jesus bejaht oder schweigt, aber er sagt nicht direkt, wer er ist. Nur in Bildern *(Ich bin der Weinstock ...)* kann er es sagen. Dasselbe bei den Gleichnissen. Sie sind vieldeutig, gerade die Gleichnisse des Thomas-Evangeliums, an die wir uns noch nicht in zweitausend Jahren haben gewöhnen können, machen dies klar. Jesus will durch die Gleichnisse die Menschen zum Nachdenken bringen, oft zu einem Bedenken ohne Ende. Was meint er nur? Meint er mich?

Und auch der »Sinn« von Wundern wie der Auferweckung des Lazarus ist nicht, daß man darin nur eine »Lehre« erkennt oder das Wunder getrost abhakt, weil man sowieso alles glaubt. Nein, hier geht es doch um die überaus ärgerliche Frage: Wie, wenn das wahr wäre? Und diese Frage kann ärgerlich sein wie eine Reibe, wie eine ungelöste, aber lebensentscheidende Frage, die einen lebenslang beschäftigt. – Ebenso läßt die frühe Kirche offen, wer genau Jesus ist, indem sie eben nicht das Glaubensbekenntnis zum Kanon macht, sondern sich vier unterschiedliche Evangelien leistet. Eine großartige Freiheit im Umgang mit den Quellen über Jesus. Das hat System, wie Jesu Umgang mit Titeln und Gleichnissen. Die genaue Festlegung im Sinne der mathematischen Eindeutigkeit unterbleibt, weil Raum bleiben muß für das Geheimnis Gottes selbst.

Das ist nötig, weil man weder Gott noch Jesus noch einen Menschen in einer Formel einfangen kann. Wenn man das versucht, wie es gegenwärtig oft geschieht, etwa mit Formeln wie »Gott ist die Liebe«, »Gott ist allmächtig und allwissend«, die Attribute aus dem Kontext herausreißen, dann versteht man weder die Bibel noch sich selbst.

Fremdreligionen bei Christen – ein Identitätsproblem

Von dem her, was man »Wesen« oder »Idee« des Christentums nennt, gibt es an sich keinen Grund, eine Verbindung des Christentums mit asiatischer Mystik und (Psycho)-Techniken der Selbst-, Fremd- und Gemeinschaftserfahrung nach Maßgabe zeitgenössischer Psychologie abzulehnen oder für unmöglich zu halten. Die Erfahrung an der kirchlichen Basis zeigt denn auch, wie »weich« Christen aller Konfessionen (besonders der protestantischen) gegenüber derartigen Einflüssen waren und sind. – Ich möchte nicht alles dieses vom hohen Roß der Unwissenheit und des Dogmatismus aus im Sinne purer Rechthaberei verurteilen.

Aber ich möchte im folgenden beschreiben, wie mir bei solchen Gelegenheiten zumute ist, wenn zum Beispiel in einer

Kirchlichen Akademie statt des »Morgenlobs« das Schwingen, Erheben und Kreisen bestimmter Körperteile von mir erwartet wird (das ich natürlich verweigere), und ich möchte auch versuchen zu sagen, warum dann mein Rücken steif bleibt.

Religion und Kultur

Christentum pur gibt es nicht. Denn Christentum ist eine Religion. Daher existiert es nur je in Verbindung mit religiöser Kultur oder besser: als religiöse Kultur.

Wir wissen, daß die Verknüpfung des Christentums mit religiöser Kultur jeweils sehr eng ist. Daher bereitet es so große Schwierigkeiten, Christentum anderen Kulturen nahezubringen. Diese Versuche können nur gelingen, wenn die jeweilige neue Verbindung von Christentum und Kultur wiederum sehr eng ist.

Daß es stets eine enge Verbindung sein muß, hängt jedenfalls bei der christlichen Religion damit zusammen, daß sie als biblische Religion nur »aus ganzem Herzen und ganzer Seele« vollzogen werden kann. Zumindest der Anspruch auf den Kern des Menschen besteht daher. – Honoriert wird diese grundsätzliche Forderung durch das Angebot umfassenden Sinns.

Unter Kultur verstehe ich ein Universum von Zeichen, eine »Welt der Bilder«. Mit diesen Zeichen hat der Mensch die lebens-»notwendigen« Situationen umgeben, zum Beispiel Geburt und Tod, Partnerwahl und Erziehung, dazu gehört auch die Abhängigkeit des ganzen Lebens von Göttern oder von Gott, die in der jeweiligen religiösen Kultur Ausdruck findet. Zur Religion gehört immer auch die Einbettung des Lebens in einen unsichtbaren Zusammenhang.

Die Kultur der Zeichen ist sehr eng bezogen auf die Identität des Menschen – sie spiegelt sie wider oder erstellt sie. Kultur ist stets besonders bedroht – wie die Existenz einer Gruppe auch. Da die Kultur in die Vergangenheit zurückreicht, gibt es hier das Bindeglied besonders zur Religion, der es ja gleichfalls um den Zusammenhang geht. Daher gibt es einen besonderen Zusammenhang zwischen Geschichte und Religion. Alte, heilige und schöne Zeichen und Dinge sind das gemeinsame Feld von Kultur und Religion. Immer wieder läßt sich beobachten, daß für die eigene Kultur einer Gruppe ihre Religion elementar bedeutsam ist (vgl. zum Beispiel Polen).

Fazit: Zwischen Kultur, Religion und gemeinsamer Identität bestehen jeweils enge Verbindungen. Die überaus wechselvolle Kulturgeschichte zeigt, wie zerbrechlich Kultur im ganzen, insbesondere religiöse Kultur und Gruppenidentität sind.

Fremde religiöse Praxis

Ein Beispiel soll das Gemeinte verdeutlichen: Das große Thema der gegenwärtigen Theologengeneration ist die Frage nach Spiritualität, das heißt nach einer Frömmigkeitskultur, die nicht nur in Stoßgebeten und Bibelstunden besteht. Die Verlegenheit ist groß. Die in Europa (inklusive Byzanz!) entwickelten Formen von Spiritualität sind fast völlig unbekannt. Dabei sind noch – je nach Region – rund die Hälfte aller Gemeindekirchen steingewordene Zeugnisse eben dieser Spiritualität. Ich nenne als Beispiele nur die unterschiedlichen Frömmigkeitstypen der Zisterzienser, der Franziskaner, der Dominikanerinnen des 14. und 15. Jahrhunderts und der Laienbewegung der Beginen. Ich meine nun, daß beispielsweise das Wienhäuser Liederbuch der Zisterzienser-Nonnen aus dem (noch bestehenden) Kloster Wienhausen in der Lüneburger Heide unserer Verlegenheit wesentlich tatkräftiger aufhelfen könnte als der Import mystischer Praxis aus Japan (so sehr ich es für nötig halte, daß christliche »Missionare« im Fernen Osten diese Praxis sich dort aneignen).

Daß die christliche Mystik des Westens völlig versunken ist, hängt wohl zusammen mit konfessionellen Vorurteilen gegenüber Mystik und dem hohen Grad von Verschleißerscheinungen im westeuropäischen Klosterwesen bis 1803.

Auf dem Heben der eigenen Schätze insistiere ich nicht deshalb, weil ich Angst hätte vor Anregungen aus anderen Religionen und deren Kultur. Aber wenn *dasselbe Thema* bei uns in jedem zweiten Gotteshaus Stein geworden ist, ist es eine Frage der religiös-kulturellen Identität, vom Wissen des Eigenen aus (und nicht in dessen Unkenntnis) den Dialog mit Buddhisten zu beginnen.

Ähnliches geschieht übrigens auch auf einem ganz anderen Feld. Für eine halbe Generation von Seelsorgern ist – nach einem im großen und ganzen nur halb befriedigenden Studium – die »Psychologie« der Schlüssel für ungezählte wichtige seelsorgerliche Einsichten geworden. Daß die Bibel, zum Beispiel das Neue Testament, eine eigenständige Art hat, über das zu reden, was wir Psychologie nennen, ging kaum jemandem auf oder war durch kleinkarierte Exegese verdeckt worden. – Dasselbe Phänomen wie bei buddhistischer Mystik: Der hastige Import (zumeist auch aus moralisch schlechtem Gewissen) macht im Grunde gesprächsunfähig. Nicht wer blindlings übernimmt, sondern nur wer selbst etwas zu bieten hat, kann den Dialog führen.

Wer hier freilich Fremdenfeindlichkeit oder kulturellen Purismus (Abwehr einer »Multi-Kultur«, Kampf gegen »Überfremdung«) wittert, ist gewiß auf dem Holzweg. Der Religionsgeschichtler weiß sehr wohl, wie Kultur in steter Begegnung entsteht und weiterkommt.

Doch das ständige Mißachten und systematische Überbordwerfen des Eigenen (teilweise auch im Gespräch mit dem Judentum) ist Zeichen einer im wesentlichen angekränkelten und mutlos wie orientierungslos gewordenen Identität, die die Kraft zur Begegnung, zum Nehmen und Geben, nicht mehr hat.

In der gegenwärtigen Philosophie hat das Wort »Identität« den fatalen Beigeschmack der Beziehungslosigkeit und des Sich-Abkapselns. So etwas ist im folgenden nicht gemeint. Es geht hier um das schlichte Zu-sich-selbst-Finden in der eigenen Geschichte (nur in dieser stehen wir) und nicht außerhalb ihrer.

Kulturelle, religiöse Identität ist zerbrechlich. Sie bedarf daher schlicht der Liebe.

Ein Heraustreten aus der Geschichte im Sinne zeitloser Wahrheiten des Rationalismus oder ewiger Wahrheiten mancher systematischer Theologien ist nicht der Weg, sich in der eigenen Geschichte wiederzufinden. Ebenso blockiert das übereilte Greifen nach fernöstlichen Religionsformen ein Sich-Zurechtfinden im eigenen Haus – nicht weil es religiös verwerflich wäre, sondern als kulturelles Problem, wie oben dargestellt.

Anders gesagt: Der Wunsch, aus der kulturellen Identität herauszutreten, in der man aufgewachsen ist, ist selbst ein zutiefst menschliches Sehnen. Es hat seinen Ort zum Beispiel in der Verkleidung zu Fasching. Da dürfen sich auch Frauen als Männer verkleiden, Atheisten als Bischöfe, Studienräte als Seeräuber aus dem südchinesischen Meer. Doch die Ausnahme bestätigt die Regel; die Ausnahme für drei Tage weist hin auf den Tabucharakter, den der Wechsel in die andere Daseinsform sonst und im übrigen hat. Die Tabus bestehen, weil kulturelle Identität als zerbrechliche nur so zu schützen ist.

Die Kultur, die wesentlich zu unserer jeweiligen Geschichte gehört, ist wie eine Welt von Zeichen, eine Bildertradition. Wir Menschen brauchen offensichtlich diese Tradition – die in unserer Religion die Bilder der Bibel aufnimmt –, um sie wie einen warmen Mantel um uns zu schlagen, da wir sonst vor Kälte umkommen. Den Eindruck dieser Kälte verband ich immer mit Theologen, die die Bildertradition unserer religiösen Kultur ersetzen durch moderne Humanwissen-schaften und so meinten, exakt zu sein. Die Tradition unserer Bilder kann ich schon allein deshalb nicht entwerten, weil in ihnen intensiv von Sünde und Schuld, von Umkehr, Vergebung und Auferstehung die Rede ist. Keine Sünde, kein Verbrechen wird verschwiegen, aber stummes Betroffensein davon ist nicht das Letzte. Wo man es zum Letzten gemacht hat, wie weithin im säkularisierten Neupietismus, wird Geschichte ein einziges schwarzes Loch, nichtig von Grund aus.

Für mich hat die geschichtlich gewordene kulturelle Identität des Christentums so große Bedeutung,

– weil die notwendige Form und Gestalt der Gemeinschaft mit Jesus immer geschichtlich ist;

– weil das Evangelium nicht stets die Geschichte nur verurteilt (als das Sündig-Menschliche), sondern der Kette der Zeugen bedarf. Ich wäre nicht Christ ohne solche Zeugen und glaubwürdige Vermittlung. Die Frage nach Sünde oder Gerechtigkeit ist dabei nicht die erste, sondern die nach einem Ziel und Sinn des Ganzen, also die eschatologische. Die Geschichte des Christentums ist weder ein einziges Dunkel noch möglichst gegen die Fakten blank zu polieren. Sie ist nur zweitrangig eine Geschichte von Moral und Verbrechen, erstrangig eine Geschichte der Kraft und der Herrlichkeit (Gottes), die noch über dem ärmsten Menschen aufleuchtet;

– weil die Vermittlung des Evangeliums an andere sich nicht als Übermittlung von Richtigkeiten vollziehen kann, sondern nur durch Zusammenleben, also in einem Stück gemeinsamer Geschichte;

– weil es für mich keine Wahrheit gibt, es sei denn, sie sei in der Geschichte evident. Im Bereich der Religion sind nach meiner Einschätzung geschichts-jenseitige Richtigkeiten unangebracht. Offenbarung besteht eben aus diesem Grunde nicht in der Mitteilung von Eigenschaften Gottes, sondern ist in erster Linie Geschichte und hat sich dann niedergeschlagen als ein dickes Buch von Geschichten von Adam und Eva bis zum himmlischen Jerusalem.

Im Zusammenhang unseres Themas bedeutet das: Die Frage, ob das Christsein der einzige Weg sei, kann nicht abstrakt, fern von konkretem Leben und jenseits der Geschichte gelöst werden. Weil Christsein nicht in »ewigen Richtigkeiten« besteht, sondern Zusammenleben (mit dem Messias) ist, kann es doch nur für diejenigen der einzige Weg sein, die es brauchen, denen es helfen kann, für die es überzeugend ist. – Unser Problem ist weniger, anderen Religionen Mitglieder abspenstig zu machen, sondern denen, die Christen sind, ihr eigenes Christsein so durchsichtig und evident zu machen, daß sie »bleiben« können.

Gott und der Fremde
Meditation zu Hebräer 13,2

Die Gastfreundschaft vergeßt nicht. Denn dadurch haben einige ohne ihr Wissen Engel beherbergt.

Abraham ist nicht nur Vater des Glaubens, sondern auch Vater der Gastfreundschaft. Denn er bewirtete die drei fremden Männer, die kamen, ihm die Verheißung zu bringen. Die Gäste waren, je nach Version, entweder drei Männer oder zwei Engel, in deren Mitte der Herr selbst angenommen wurde. – Das Gastgeschenk dieser drei war nichts Geringeres als die Verheißung, auf der ganz Israel beruht.

Die byzantinische Kirche denkt bei den drei Gestalten an die Dreifaltigkeit und hält deren Besuch bei Abraham in der Dreifaltigkeitsikone fest: Abraham mit den drei Engeln.

Abraham erlangte die Verheißung durch drei Fremde, die zu ihm kamen – nicht durch Vertraute aus dem eigenen Haus, durch Freunde oder Verwandte. Vielmehr: In der Begegnung mit dem Unbekannten kommt das überwältigend Neue zustande. Das ist ganz und gar die Handschrift des Gottes

Israels. Er hat keinen festen Namen, weil er nicht festlegbar ist, sondern lebendig. Weil er aber der Herr aller Dinge und aller Zeit ist, trifft man ihn immer wieder dort, wo man ihn nicht vermutet und nicht kennt: im Unvertrauten. Denn wäre er festgelegt, so könnte man ihn manipulieren. Vielmehr: Er liebt den Fremden, und er begegnet im Fremden. Denn er fordert auch dort, wo man – außer vielleicht einem Vergelt´s Gott – nichts dafür bekommt. Feindesliebe und denen leihen, von denen man nichts zurückbekommt – diese Positionen Jesu werden vorabgebildet in der Meinung des Alten Testaments, daß Gott vor allem im Fremdling begegnet, nicht im Kreislauf des Gebens und Nehmens innerhalb der Familie. Denn gegenüber dem Fremden geht es nicht um Geben und Nehmen. Ihn kann man nicht vereinnahmen. Alle Routine der Familie und des Freundeskreises wird durchbrochen, hört auf, wo wir dem Fremden begegnen.

Jeder Fremde ist geheimnisvoll, und wir sind neugierig; viele Gespräche sind nötig, um abzutasten, wem wir da gegenüberstehen. Die Bibel sagt: Diese Fremdheit, dieses Geheimnis, dieses Abbrechen des Vertrauten ist ein Bild für die Begegnung mit dem geheimnisvollen Gott. Wie der Fremde, gerade solange er fremd ist, so ist Gott: nicht mit Beschlag zu belegen, bleibt er außerhalb unserer Regelkreise. Überraschend, wenn wir bestürzt sind, wie wenn wir seine Gnade erfahren.

Aus diesem Grund sagt Jesus: Wer euch aufnimmt, nimmt mich auf. Wer einem Jünger auch nur einen Becher Wasser reicht, der empfängt himmlischen Lohn, denn es ist, wie wenn er ihn mir gereicht hätte.

Aber auch dieses: Israel hatte die Neigung, Fremdes zu vergöttlichen, fremden Göttern nachzulaufen, sich allem Fremden anzuhängen, nur aus Neugier (oder aus Opportunismus). Weite Teile der Bibel entstanden aus dem Kampf gegen die Vergöttlichung des Fremden. Doch Gott will keine fremden Götter neben sich nach dem ersten und wichtigsten Gebot.

Ähnliches gilt auch für uns: Den zahlreichen Modewellen hängen wir mit Inbrunst an, viele Verlage leben davon. Wir wissen kaum etwas über das Eigene, aber alles Fremde und Neue fasziniert. Man könnte geradezu seine Karriere als schreibender Theologe danach einrichten. Vergöttlichung des Fremden.

Hier wird gesagt: Im Fremden trefft ihr nicht neue Götter, sondern den einen Gott oder seine Engel, aber dafür wirklich ihn. Überall trefft ihr auf ihn, auch im Fremden. Das ist übrigens auch dann tröstlich, wenn wir nicht auf der neuesten Modewelle stehen: Auch in allem Fremden begegnen wir nur ihm.

Und am Ende auch dieses: Gott ermahnt Israel immer wieder, die Fremden gut zu behandeln, weil auch Israel einst Fremdling in Ägypten war. Auf uns bezogen: Wir sind bloß Heidenchristen und dem Volk Gottes von Natur aus fremd. Wir sind auch ganz und gar nicht göttlich und damit Gott fremd. Aus reiner Gnade hat er uns akzeptiert. Bei jedem, der uns fremd vorkommt, gilt es, dieses zu bedenken. Nicht nur tolerant sollen wir sein. So wichtig das ist, aber da bleibt doch jeder in Kälte allein. Christentum ist aus Gastfreundschaft entstanden. Wo es am Anfang noch keine Aussicht auf Gegeneinladung gibt, treffen wir auf Gott und auf seine Verheißung.

6. TEIL

Die Wahrheitsfrage

Spagat zwischen frommer Hingabe
und Wissen um andere?

Das Problem

Kann ein frommer Jude oder Christ andere Fromme, die
Heiden sind, überhaupt gelten lassen?

Das Hauptgebot Alten und Neuen Testaments lautet: *Der
Herr, unser Gott, ist ein einziger. Und du sollst deinen Gott lieben aus ganzem Herzen und aus ganzer Seele und mit deinem
ganzen Vermögen* (5 Mose 6,4 = Markus 12,29f). Kann, wer
aus ganzer Seele liebt, zum Nachbarn schielen und sagen:
Vielleicht hast du auch recht? Soll er ihn nach Kräften in seiner Religion fördern, soll er ihn hindern oder soll er ihn zu
bekehren versuchen?

Was bedeutet es vor allem für ihn selbst, wenn er weiß, der
Nachbar hat eine achtbare Religion?

Wird man nicht »schizophren«, wenn man im christlichen
Gottesdienst singt: »Du allein bist heilig, du allein der Herr,
du allein der Höchste« – und gleichzeitig weiß: Auch der
Gott des Islam ist der biblische Gott? Auch die Götter, die
der Hindu verehrt, sollen die Erde mit Frieden und Fruchtbarkeit segnen?

Das »Problem« besteht sicher auch zunehmend darin, daß
die Christen gar keine Anbetung aus ganzem Herzen mehr
kennen, sondern Toleranz (»Alle verehren wir im Grunde
den gleichen Gott«) als sanften Religionsersatz pflegen,
denn das ist auch wunderbar wenig anstrengend, es besteht
ja nur in einer freundlichen Meinung zu allem.

Bei den Antworten auf die gestellten Fragen wird genau zu unterscheiden sein zwischen unterschiedlichen Handlungen.

Das Andere im Eigenen

Unter dem »Eigenen« verstehe ich hier nicht Besitz oder das, was man ganz kennt, sondern das, was einem zugeordnet ist, also etwa die Bibel den (Juden und) Christen, der Koran den Moslems usw., also das, was zur eigenen Religion gehört.

Grundlegend für das Verhältnis, das Christen zu anderen Religionen entwickeln können, ist, wie sie sich zu dem Fremden in der eigenen Religion verhalten. Die schlichte Lektüre einiger Psalmen bereits führt zu einer Fülle von Fragen und Entdeckungen. Das reicht von den Elohim, den Gottwesen nahe Gottes Thron, bis zu grausamen Wünschen für die Feinde, von Melchisedek bis zum Inthronisationsritual altorientalischer Könige. Das alles ist nicht nur fremdartig, sondern steht auch emotional fern. Im Grunde besteht der Gipfel der Zumutung bereits darin, daß die Hälfte (genauer gesagt: drei Viertel) der christlichen Bibel nicht christlich, sondern jüdisch ist. Und noch weiter: Daß auch und gerade nach Paulus im Neuen Testament die Juden Gottes erste Liebe bleiben. Sie sind weiterhin Gottes Kinder und Träger der Verheißungen. Mit ihnen wurden die alten Bundesschlüsse geschlossen, die nicht aufgehoben sind. Es ist eine Zumutung für beide, für Juden und Christen, daß auch die Juden, die nicht an Jesus Christus glauben, weiterhin Gottes Volk sind. Von daher ist im Christentum das, was sonst im Verhältnis 1:1 besteht, aufgehoben. Sonst kann der Fromme sagen: Du bist mein Gott – und ich bin dein Mensch. Jetzt aber gilt nur noch das erste, und Gott hat zwei sehr unterschiedliche Volkshälften, nichtchristliche Juden und Christen. Damit ist für Christen der »Akt der Anbetung« nie mehr reine Vereinnahmung Gottes. Der Christ weiß von seiner Grundlage, der Bibel, her: Gott hat eine fortbestehende erste Liebe. Christen sind und bleiben nur die Hinzugekommenen.

Auch im Koran gibt es Dinge, die ganz christlich zu sein scheinen, die langen Abschnitte über Jesus und Maria zum Beispiel. Oder die Erwartung der Moslems, daß nicht Mohammed, sondern Jesus am Ende der Zeit wiederkommen wird.

Alles liegt nun daran, ob man das Fremde, unpassend Scheinende in der eigenen Religion überhaupt wahrhaben will, ob man dazu steht und zugeben kann, daß man auch im eigenen Haus keineswegs alles beherrscht, durchdringt, aktuell machen oder gebrauchen kann. Vieles paßt nicht oder scheint sich zu sträuben, scheint gerade für die Religion zu sprechen, mit der man in Streit oder Konkurrenz steht. Angesichts dessen wäre es wichtig, folgendes zu beachten:

– Brücken zur anderen Religion müssen nie erst rein künstlich geschaffen werden. Brückenköpfe bestehen immer schon in der eigenen Religion.

– Die Brückenköpfe zu den anderen, die im Eigenen bestehen, sind in der Regel vernachlässigte Schätze im eigenen Haus. (Zum Beispiel: mit Moslems und Juden darüber reden, daß Jerusalem auch für die christliche Hoffnung eine bleibende Bedeutung hat, etwa nach Lukas 13,35 und Römer 11,25ff.)

– Nicht alles im eigenen Haus Fremde ist das mit anderen Religionen Verwandte. Generell gilt aber, daß man Fremdes nur wahrnehmen kann, wenn man das Fremde im Eigenen sehen kann. Dabei heißt Wahrnehmen nicht: gut finden, besser finden, nachahmen. Das wäre ein großes, verbreitetes Mißverständnis.

– »Fremdes im Eigenen« bedeutet auch: Es gibt Dinge, die fremd bleiben werden, sogar im eigenen Haus. Für ein Christentum in »missionarischer Situation« (und davon gehe ich aus) bedeutet das: Die fremde Kultur darf nicht zerstört werden, sondern das Evangelium muß in die fremde Kultur übersetzt werden. So wird dann die Kirche in dem anderen

Land nicht eine Kopie der eigenen sein, sondern ein neues Stück Andersheit im eigenen Haus.

Resultat: Wenn schon Jesus nach den synoptischen Evangelien Gottes Vergebung daran bindet, daß Menschen einander vergeben, dann heißt das: Gott nimmt unsere Fremdheit an, wenn wir die Fremdheit anderer Menschen annehmen. Diese Art Liebe ist grundlegend für das Christentum. Sie schließt die Wahrheitsfrage nicht aus, erklärt sie nicht für erledigt, sondern bestimmt den Modus, die Art und Weise des Vorgehens auch bei der Mission. So hat von Anfang an nicht nur »Identität«, sondern auch »Andersheit« im Christentum einen Ort:

Nachahmung der universalen Liebe Gottes

Annahme des Andersseins, der Fremdheit, oft auch der scheinbaren Differenz in den Wertvorstellungen geschieht im frühen Christentum auf folgenden Wegen:

– als Entdeckung einer Liebe, die den eigenen Horizont und das große Interesse an Selbstbestätigung übersteigt.

– Die Liebe gegenüber dem Feind und Verfolger wird als Nachahmung der Liebe Gottes verstanden, der über Gerechte und Ungerechte regnen läßt. Nicht ohne Grund sind Aussagen direkt benachbart, wonach Christen durch Segen und Fürbitte die gottesdienstliche Mitte der Völker sind.

– Wenn die Annahme des anderen als anderen die Voraussetzung für die Annahme durch Gott ist, dann deshalb, weil Gott selbst als Schöpfer so weitherzig ist. Das bedeutet eine schöpfungstheologisch begründete Annahme der unterschiedlichen Kulturen. Daß die Unterschiede »in Christus« aufgehoben sind (Kolosser 3,11), bedeutet nicht, wie man früher oft gedacht hat, die Beseitigung der Eigenheiten, sondern nur, daß sie ihren trennenden Charakter verlieren – denn Juden bleiben Juden, so auch Griechen und Skythen. Nation ist etwas anderes als Nationalismus.

Pluralität unter Christen zuzugestehen ist indes nicht dasselbe, wie dies im Verhältnis zu anderen Religionen zu praktizieren. Es gibt ein verbreitetes Denkmodell, das besagt: Wir haben unter Christen jetzt ökumenische Dialog-Modelle entwickelt, die wir auf den Dialog mit anderen Religionen übertragen.

Von der Grundlage der Bibel her gilt: Die bestehende Vielfalt der Kulturen ist gottgewollt, die Vielheit der Götter nicht. Dabei werden – im Falle der Christianisierung – die vielen Götter nicht abgeschafft, sondern, wie im Alten Testament geschehen, dem Höchsten Gott als Gottwesen untergeordnet. Um es vorsichtiger (aber in der Sache nicht weniger klar) zu sagen: Beim Dialog unter Christen ist die Frage der Herrschaft des einen und einzigen (und dreifaltigen) Gottes bereits geklärt, und es geht wirklich um Annahme der verschiedenen Christentümer. Beim Dialog zwischen den Religionen ist das Verhältnis der Götter zum Schöpfer und Erlöser nicht geklärt. Wollte man sagen, es ginge »nur noch« oder »überhaupt erst einmal« um Kapitulationsverhandlungen, so wäre das völlig das falsche Wort, weil der Liebe und Sorgfalt des differenzierten Übersetzungsprozesses namens Mission nicht angemessen. Kolonialismus und Kulturimperialismus sind nicht geistlich zu überhöhen und nachzumachen. Dennoch denken Judentum und frühes Christentum Mission als Einordnen fremder Götter unter den Höchsten, als Verschmelzung der Wege dieser Völker mit dem Weg des Gottesvolkes. Und Liebe heißt nicht – anders als vielleicht im Verständnis vieler Zeitgenossen – alles annehmen.

Gott loben und Fremdreligionen fördern?

Oft wird vorgeschlagen, es sei ein denkbarer Spagat, im eigenen Gebet nach dem Schema »du allein« Gott zu loben und im übrigen fremde Religionen zu stützen und zu fördern.

Wenn in der Kirche der Grundsatz gilt: *Lex orandi lex credendi,* nämlich: Beten und Glaubensbekenntnis haben denselben Inhalt, dann können außerhalb der Kirchenmauern nicht andere Regeln gelten als drinnen. Gewiß – es gilt: Die Front sind nicht die anderen Religionen, sondern die nachchristlichen Privatreligionen.

Aber soll ich als christlicher Stadtverordneter für oder gegen die Genehmigung eines buddhistischen Tempels an prominenter Stelle in meiner Stadt stimmen, wobei ich weiß: Der Buddhismus wirbt unter ehemaligen Christen, er versteht sich als missionarische Weltreligion? Genehmigungen für Bauplätze zu versagen ist gewiß nicht ein Mittel, den notwendigen und friedenserhaltenden Dialog der Religionen zu fördern. Es bedeutet zwar kein Verbot, fördert aber auch nicht gerade die Fremdreligion, sondern behindert sie eher.

Andererseits: Die großen achtbaren Religionen sind alle irgendwie verschwistert (als Religionen), und man könnte auch sagen: besser ein Buddha-Tempel als ein Betrieb zur Herstellung von Landminen (obwohl das zumeist glücklicherweise nicht die Alternative ist). Erfordert nicht die aktive Toleranz die Genehmigung des Tempels? Trägt das nicht mehr zur Ehre Gottes bei als das Versagen? Können es sich die Christen nicht leisten, den »kleineren Bruder« zum Zuge kommen zu lassen?

Nun, weltweit ist Buddhismus kein kleinerer Bruder. Niemals würde ich an einem Verbot buddhistischer Mission mitwirken (in den meisten buddhistischen Ländern ist christliche Mission verboten). Dennoch könnte ich buddhistischen Gläubigen einen prominenten Ort meiner Stadt erst dann zugestehen, wenn sie entsprechend repräsentativ für unsere Kultur geworden sind – das wäre dann eine Frage der Gerechtigkeit –, aber nicht zum gegenwärtigen Zeitpunkt, da ein demonstratives Zeichen eine unverhältnismäßig große Chance für mehr oder weniger aggressive Mission bedeuten würde. – Kultur ist ein Zeichensystem. Alle kollektiven bzw. kommunalen Systeme sind eher gefährdet, sind zerbrechlicher als nur private. Daher gibt es auch ein öffentliches Interesse an der Bewahrung von Zeichen, die unser Gemeinwesen zusammenhalten.

Demut und Selbstzurücknahme?

Die Argumentation ist bekannt: Jesus war demütig und friedfertig, nicht rechthaberisch. So sollten sich daher auch die Christen gegenüber anderen Religionen verhalten: nachgiebig bis zur Selbstverleugnung, im Verzicht auf die »eine Wahrheit« den anderen von vornherein jede Chance einräumen, daß sie im Recht sein könnten.

Auch der Beter nimmt sich gegenüber Gott demütig zurück. Er kann zugeben, daß die Worte seines Bekenntnisses nur Menschenworte sind, daß Gott unfaßbar ist und kein Menschenwort, auch keine Religion ihn erreichen kann. Konsequenz: Angesichts der Größe Gottes soll man demütig auf sein menschliches Rechthaben verzichten. Gott ist unfaßbar, keine Religion kann ihn vereinnahmen. Also, sagt man, sei die Haltung des Beters in der Beziehung der Religionen die angemessene.

Zur Jesus-Argumentation ist folgendes zu sagen: In den Diskussionen über Sachfragen, wenn es also um die »Wahrheit« geht, die man erkennen kann, berichten die Evangelien von einem schlagfertigen, gewitzten Jesus, der seine Gegner geschickt aushebelt und der keineswegs darauf verzichtet, es auch anzumerken, wenn sie im Irrtum sind. Einen Jesus, der in der Wahrheitsfrage auch nur einen Zentimeter nachgäbe, wird man in den Evangelien nicht finden. – Nach Markus 12,24 hält Jesus seinen Gegnern vor: Ihr seid im Irrtum und kennt weder die Schrift noch Gottes Macht, nach 12,27 sagt er ihnen: »Ihr irrt sehr.« In Matthäus 15,14 nennt er die Pharisäer, mit denen er gerade diskutiert hat, »blinde Blindenführer«, in Matthäus 23,13ff redet er sie in einer ganzen

Reihe von Worten an: »Wehe euch, ihr Heuchler ...« In Markus 12,13–17 umgeht er die Fangfrage, ob Steuerzahlen erlaubt sei, mit dem Hinweis auf das Bild des Kaisers, das die Münzen tragen. Nach Johannes 8 wirft Jesus den Gesprächspartnern gar vor, sie seien Kinder des Teufels. – Wir können hier abbrechen mit der Feststellung: Einen Jesus, der sich in Fragen der Wahrheit die Butter vom Brot nehmen ließe, kennen die Evangelien nicht. Allerdings war Jesus bereit, für diese Wahrheit in den Tod zu gehen. Jesus ist hart in der Wahrheitsfrage und bis zum Martyrium sanft im Ertragen der Konsequenzen, die sich daraus ergeben. Sollte hier der Unterschied zu den modernen Anwälten eines nachgiebigen Jesus liegen?

Zum Argument mit den Betern: Wer jede Religion als Menschenwerk, menschliches Produkt und menschliche Projektion bezeichnet, müßte in der Tat so argumentieren. Denn dann ist auch alles, was die Bibel über Gott sagt, menschliche Projektion und fällt unter das Gebot der Selbstzurücknahme. Dazu gehört dann aber nicht nur das Gebet, sondern auch das Erste Gebot. An dieser Stelle unterscheidet die Bibel: Das Beten ist nur menschliches Stammeln – der Heilige Geist freilich sorgt dafür, daß es nicht als wertlos verfällt (Römer 8,26–28); und zum Gebet gehört dazu, daß man sagt: »Nicht wie ich will, sondern wie du willst.« Aber zum Beispiel im Ersten Gebot spricht, wie auch immer in menschliche Worte verpackt, Gott. Eine angeblich »demütige« Zurücknahme dieser Wahrheit ist in der Bibel nicht vorgesehen. Die Propheten würden solches Taktieren Feigheit nennen, Untreue und Opportunismus, Inkonsequenz, Undank und Ehebruch ...

Resultat: Demut am falschen Ort ist nur scheinbare Demut, in Wirklichkeit ein Zurückweichen, ein falscher Frieden mit den Gegnern der Wahrheit. Angemessen ist hier das Martyrium, nicht der Verzicht auf das eigene Bekenntnis.

Der Beter relativiert seine Worte, aber nicht sein Gegenüber.

Die Suche nach der Wahrheit

Wahrheit nach Aristoteles

Nach der griechischen Auffassung, die auf Aristoteles zurückgeht, ist Wahrheit der (richtige) Schluß aus zwei Prämissen (Sachverhalten), ein Urteil mit Wenn-dann-Struktur. Ein Beispiel: Wenn Wasser bei 100 Grad Celsius siedet und wenn mein Teekessel auf dem Herd pfeift, dann hat das Wasser die richtige Temperatur für meinen Tee. Das Pfeifen entsteht durch den Dampf, der sich am Siedepunkt des Wassers bildet, und ist das Zeichen dafür, daß es die richtige Temperatur erreicht hat. Ich ziehe also aus zwei beobachtbaren Sachverhalten einen bestimmten Schluß. – Mit Folgerungen haben wir es auch in der Geschichtsforschung zu tun. Grundlage sind hier Quellen und Dokumente, aus denen Schlüsse gezogen werden.

Wahrheit ist in diesem Sinne also eine Eigenschaft von Urteilen. Sie hat ihren Ort im Erkennen, und nach den Bedingungen ihrer Möglichkeit fragt die Erkenntnistheorie.

Ein Kriterium für die Wahrheit (Richtigkeit) eines Urteils ist, daß es bestimmten logischen Regeln genügt. Ein zweites Kriterium ist, daß seine Voraussetzungen wahr sind. Sind sie es nicht oder nicht mehr, weil sich die Erkenntnislage geändert hat, wird das Urteil falsch. Für die Geschichtswissenschaft gilt, daß die Quellen glaubwürdig sein müssen. Ist deren Wahrheitsgehalt nur wahrscheinlich, sind es auch die daraus gezogenen Schlüsse. Diese Voraussetzungen müssen (im Bereich der Naturwissenschaften: experimentell) nachprüfbar sein, im Prinzip von jedermann – darin entspricht dieser Wahrheitsbegriff der Demokratie. Bei komplizierten Experimenten und auf Spezialgebieten ist dies allerdings nicht immer möglich, und man verläßt sich auf das hohe Ethos des Forschers, was allerdings problematisch sein kann (vgl. die Fälschung von Forschungsergebnissen).

Nach dem Verständnis von *emet* (hebräisch für »Wahrheit«) in der Bibel geht es nicht um eine Eigenschaft von Urteilen, die per Experiment oder durch Quellen jederzeit zu belegen ist. Vielmehr ist das, was wir mit »Wahrheit« übersetzen, wiederzugeben mit Stabilität, Treue, Zuverlässigkeit, und zwar bezogen auf Personen, mit denen zusammen man leben will. Im Bild: Wie wenn Menschen zusammen, von Wüste umgeben, in einer Wagenburg überleben. Wahrheit ist hier die Summe der Bedingungen des Überlebens.

Anders als bei dem Großteil der Fälle aristotelischer Wahrheit geht es hier nicht um Naturgesetze, die wahr sind unabhängig von Personen. Vielmehr ist Wahrheit hier im höchsten Maße abhängig von einem Geflecht aus Personen und Handlungen in Treue, Stabilität, Loyalität, Glaubwürdigkeit und Konsequenz. Dabei wird dieses Geflecht der Konvivenz nur im Miteinander verwirklicht. Zwischen einer »Person« und ihren Handlungen besteht ein enges Netz, denn »Person« entsteht aus dem Gerinnen von Empfangen, Handeln, Ergehen und Ansehen, das einer hat. Verkürzt könnte man auch sagen: durch Empfangen und Schenken von Liebe.

In diesem Sinne der Bedingungen des Überlebens geht es in diesem Buch um Wahrheit. Wenn wir fragen: Ist Christsein der einzige Weg?, so ist mit »Weg« der Weg zum Überleben gemeint.

Kriterium der »Wahrheit« im Sinne der Bibel ist »Leben«, und zwar nach Dauer und Qualität.

Vergleich der beiden Wahrheiten

Beide Wahrheiten, die aristotelische und die biblische, haben ihre Kriterien. Was nach Aristoteles die formale Übereinstimmung von Urteilen und Sachverhalten ist, das ist bei der biblischen Wahrheit die Qualität und Dauer des Lebens. Beide Wahrheiten haben es mit »Zeit« zu tun: Auch die

»wissenschaftliche« Wahrheit nach Aristoteles erweist sich, indem sie sich bewährt und Versuchen der Widerlegung trotzen kann. Beide Wahrheiten haben es auch mit Erkenntnis zu tun. Die aristotelische Wahrheit ist überhaupt eine des Erkennens und des Urteilens. Aber auch die biblische Wahrheit findet nach eigenem Selbstverständnis ihren Niederschlag in wahren Sätzen und Worten. Deren Wahrheit ist allerdings abgeleitet von den bewährten Bedingungen des Überlebens.

Beide Wahrheiten orientieren sich an der regelhaften Abfolge von je zwei Ereignissen. Was nach Aristoteles die Abfolge von Ursache und Wirkung ist, kann man in der Bibel den Zusammenhang von Tun und Ergehen nennen; im Unterschied zum Naturgesetz ist dieser Zusammenhang aber offener und nicht so streng geregelt.

Theorieanteile bei der biblischen Wahrheit

Die biblische Wahrheit muß und kann sich nicht nur bewähren, sie muß und kann auch »offenbar« sein. Das Offenbarsein bezieht sich einmal auf das Sehen; aber Sichtbarkeit steht immer erst am Ende. Vorher gibt es Einsicht und Worte. So appellieren die Propheten und Lehrer der Bibel mit Worten, man möge zur Einsicht kommen, bevor man am Ende das Schreckliche dann sehen müsse. Die Theorie hat hier zum einen vorlaufenden Charakter. Denn der Weise und der Seher informieren schon vor der Tat mit Worten über das zu erwartende Ergehen.

Zum anderen wird mit Worten (und im Bekenntnis) offengelegt, wer jemand ist – eine Art Summe der bisherigen Erfahrungen mit ihm. In diesem Sinne ist das Messiasbekenntnis des Petrus in Markus 8,29 zu verstehen. Daß Jesus der Christus ist, kann man nicht mit Aristoteles als Wahrheit verstehen, denn Wahrheit kann nach ihm keine Person sein. Es ist eine Wahrheit als sich bewährende Einschätzung Jesu im Miteinander der »Kirche«.

In beiden Fällen dient Sprache der Aufklärung und Auf-
deckung. Dieses bedeutet Kritik oder Verstärkung der jeweiligen Geschichte. So orientieren Menschen sich und andere darüber, ob sie auf dem richtigen Weg sind.

So ist das Bekenntnis (zum Beispiel zur Gottessohnschaft
Jesu) eine Art Zwischenbilanz des bisherigen Zusammenle-
bens mit der Autoritätsfigur (dem Messias). Und Erfah-
rungsweisheiten schlagen sich nieder in Normen, die für alle
Mitglieder der Wagenburg gemeinsam verpflichtend sind.
Die sprachlich formulierten Normen zeigen in der Regel
auch, wohin es führt, wenn man sie nicht befolgt.

Die Bekenntnisse und Normen haben immer abgeleiteten
Charakter. Sie bestehen nicht als allgemeine Regeln unabhängig von Zeit, Raum und Personen. Da sie dem einzigen
Kriterium des Lebens untergeordnet sind, sind sie davon
abhängig, wie oder wodurch Menschen konkret überlebt
haben.

»Ich bin die Wahrheit«

Wir halten fest: Biblische Wahrheit existiert nur als gemein-
sames Überleben. Weil sie auf dem beruht, wer jemand
ist (als Summe von Gnade und Werk), kann Jesus im Johannes-Evangelium sagen: *Ich bin die Wahrheit* (Johannes
14,6) und den Jüngern zusagen: *Die Wahrheit wird euch
befreien* (8,32) – und damit meint er Gottes befreiende Wirklichkeit selbst. Das heißt: Der treue, loyale Gott ist die
Wahrheit selbst. Nichts anderes braucht man zum Zusammenleben in Glück und auf Dauer mehr und intensiver als
ihn.

Das Bekenntnis zu Gott und zu Jesus Christus ist »wahr«,
weil es Teil dieses Treueverhältnisses selbst ist. Die christlichen Normen sind wahr, weil und sofern sie sich als Grund-
lagen dieser Lebensbeziehung bewährt haben.

Wahrheit ist daher das oder der, also die »Größe«, die Leib
und Seele zusammenhält wie Essen und Trinken, die Größe,

die die Menschen in der Gemeinschaft der Wagenburg zusammenhält (das Netz der Konvivenz).

Konsequenzen

Die Folgerungen aus diesem biblischen Wahrheitsbegriff für unser Thema sind folgende: Überleben gibt es nur konkret. Das heißt: im Zusammenleben (Konvivenz) mit einer Person, die die Wahrheit selbst ist. Gott und Jesus Christus sind wahr, insofern sie den Menschen, die mit ihnen zusammen leben, Überleben (ewiges Leben) schenken. Wahrheit ist persönliche Treue Gottes, die unsere Stabilität gewährleistet.

Trifft das zu, dann geht es im Christentum nicht um Rechthaben, sondern um Zurechtkommen (mit den Fragen des Lebens).

Christ wird daher wohl nur eher selten jemand, weil ihm bestimmte theoretische Glaubenswahrheiten einleuchten (zum Beispiel über die Trinität; über das Abendmahl), sondern eher häufiger, weil er vom Lebensstil der Zeugen und von der Geborgenheit in der »Gemeinschaft der Heiligen« (die Lebende und Tote umspannt) angezogen wird und damit Antwort auf sehr konkrete Fragen seines Lebens findet.

Zur Illustration sei der Satz des Kirchenvaters Cyrill von Jerusalem zitiert: »Wenn jemand Christ werden will, soll er ein halbes Jahr in meinem Haus wohnen, und dann wird er sehen.« Weniger gefragt sind theoretische Wahrheiten, die das einzig Richtige wären, sondern gefragt sind Lebensweisheiten in einem sehr umfassenden Sinn von Leben. Wie Lebensweisheiten oft, sind sie – abstrakt und in Attributen gefaßt (man soll demütig, friedfertig, barmherzig sein usw.) – eher langweilig, an Personen abgeguckt, in den Differenzierungen und Nuancierungen einer gemeinsamen Geschichte erlebt, dagegen großartig. Geschichte ist eben mehr als die Summe zu Etiketten gewordener Eigenschaften.

Trifft das zu, dann erklärt es, warum Mission nur im Zusammenhang mit Glaubwürdigkeit überzeugt. Dann hat das für Mission in fremden Kulturen diese Konsequenz: Sie kann nur auf der Basis gemeinsamen Lebens zwischen Missionaren und Adressaten in der fremden Kultur gelingen.

Wahrheit und Geschichte

Alles dieses weist darauf, daß in der christlichen Rede von Wahrheit die konkrete Geschichte der Raum des Bestehens ist. Christentum ist eine messianische Religion: In der konkreten Geschichte, nicht an einem fernen Ideenhimmel, gibt es schon den einen, der in seine Wagenburg einlädt. Es ist immerhin erstaunlich, daß die Befreiung und Erlösung, von der viele Menschen nur träumen können, bereits innergeschichtlich greifbar wurde. So müßte es leicht sein, die Wahrheit des Christentums durch Nachahmung und Nachfolge Jesu zu übermitteln. Es ist dies aber zugleich auch schwer, weil eine feudal ausgestattete Theorie fast nichts hilft, wenn die christlichen Verkündiger zu ihrer Hoffnung und zu ihrer Sündenschuld nicht glaubwürdig stehen können.

Diese Glaubwürdigkeit ist nichts Zusätzliches, sondern – wie schon bei Jesus – die Sache selbst. Diese konkrete, personhafte Wahrheit ist Chance und Elend des Christentums.

7. TEIL

Dialog

Toleranz

Toleranz ist in unserer Gesellschaft Merkmal der *correctness*. Angeblich ist daher jeder frei in seiner religiösen Überzeugung. Doch jeder, der sie nicht nur privat, sondern vor irgendeinem Gremium äußert, übt damit bereits Macht aus, die Gegendruck riskiert. Die Machtkämpfe werden jenseits der allgemein behaupteten *correctness* ausgeführt, gut getarnt, wenn verbal alles in Ordnung ist. Wer zum Beispiel darf sich im »Spiegel« über Religion äußern? Wer bekommt die Ehre, in evangelischen Monatszeitungen Kronzeuge sein zu dürfen? Alles eine Frage der Macht und der richtigen Seilschaft. In einer Mediengesellschaft ist Toleranz ein schillernder Begriff. Denn sie ist nicht demokratisch verwaltet und verteilt.

Erblast der Geschichte

Hat das Judentum nur dank seiner Intoleranz überlebt? Das heißt, weil es kein Arrangement mit welcher Religion auch immer zugelassen hat? – Und die andere Seite: War das christlich, wenn im Braunschweigischen noch im 19. Jahrhundert säumige Kirchgänger am Sonntagmorgen von der Polizei aus der Wohnung geholt und in die Kirche gebracht wurden? Was hat das Christentum nicht alles für Verbrechen gegen Toleranz und Religionsfreiheit begangen! – Und andererseits: Besteht nicht eine besondere innere Beziehung zwischen Christentum und Freiheit des Gewissens? Hat nicht das Christentum selbst den Begriff der Person, der wesentliche Voraussetzung für jedes Toleranzverständnis ist, im Rahmen der Dogmengeschichte bei Diskussionen über die drei Personen der Dreifaltigkeit überhaupt erst entwickelt?

Unterscheidungen

Um den Ort der Toleranz im Christentum zu bestimmen, ist es nötig, folgende Dinge streng zu unterscheiden:
– Unter Toleranz wird hier verstanden: Jeder darf seine religiöse Überzeugung haben und äußern. Wieweit er sie sehr laut und sehr öffentlich äußern darf (vgl. die Frage, wieweit Gebete der Moslems per Lautsprecher täglich über unseren Städten erschallen dürfen), das ist aber bereits eine schwierige Frage. Unmöglich ist es, jede belegbare religiöse Überzeugung zum Beispiel in unserem Staat umzusetzen (Polygamie; Beschneidung von Mädchen; totale Verschleierung). – Toleranz im genannten Sinne ist – im Bedarfsfall – im Rahmen biblischer Ethik im Zusammenhang der Verpflichtung zu Nächsten- und Feindesliebe zu begründen, nicht aber aus dem biblischen Gewissensbegriff (denn das Gewissen ist biblisch gesehen nur eine nach der Tat reagierende kritische Instanz, kein positiv anregendes Element menschlicher »Autonomie«, denn die gibt es biblisch gesehen gar nicht).
Niemand will so verstandene Toleranz beseitigen. Im Westen ist seit Thomas von Aquin (13. Jahrhundert) das Gewissen auch in positiver Hinsicht die letzte Instanz. – Toleranz gewährt jedem Menschen Freiheit zur Glaubensüberzeugung. Die wichtigste Konsequenz: Religiöse Meinungen dürfen nicht mit Gewalt durchgesetzt werden. Diese Auffassung ist relativ neu; es gibt Entwicklungen im Bereich humanitärer Anschauungen, hinter die man nicht ungestraft zurückfallen darf.
– Streng davon abzugrenzen ist, wenn jemand nun innerhalb seiner Glaubensüberzeugung die Meinung vertritt, der

144

Gott, an den er glaubt, sei ein eifersüchtiger Gott, der nach dem Ersten Gebot die Anbetung keines anderen Gottes neben sich duldet. Man kann der Meinung sein, daß es für alle Menschen gut wäre, diesen Gott anzunehmen. Aber das muß im Rahmen der Toleranz geschehen. Anders gesagt: Wenn Menschen die Überzeugung haben, Gott sei im genannten Sinne eifersüchtig und der einzige, dann muß ihnen Toleranz diese Meinung lassen. Nur eine gewaltsame Ausbreitung dieser Idee ist ausgeschlossen. – Dazu gehören auch Drohungen mit Gericht und Hölle. Es ist gar nicht zu bestreiten, daß die Bibel solche Drohungen enthält. Sie gelten für Verhaltensweisen, die die Bibel für unmöglich hält. Dennoch ist sie damit nicht »intolerant«. Denn – wie auch im Ersten Gebot – sie läßt jedem Menschen die Freiheit, auf solche Drohungen zu reagieren oder nicht. Aus der puren Tatsache, daß der Bibel nicht alles egal ist und nicht jeder Gott oder jede Göttin gleich willkommen, ist noch nicht auf Intoleranz der Christen zu schließen.

– Davon abzugrenzen ist kirchliches Disziplinarrecht. Paulus fordert in diesem Sinne die Gemeinde von Korinth zur Unduldsamkeit auf. Nach 1 Korinther 5 ist ein Mann, der ein Verhältnis mit seiner Mutter hat, von der Gemeinde feierlich dem Satan zu übergeben. Denn keineswegs darf die Gemeinde dulden, was sie vor allem in der Öffentlichkeit in Verruf bringt. Nach Matthäus 18,17f gilt Ähnliches für den, der den Tadel der versammelten Gemeinde verachtet und ihr »auf der Nase herumgetanzt« hat. Von vielen Menschen wird heute aus Gründen der »Liebe und Toleranz« nicht verstanden, daß in der Kirche nicht alles Erdenkliche möglich sein soll. So erwartet man, es müsse evangelischen Christen doch freigestellt sein, eine Auferstehung Jesu anzunehmen oder eben nicht. Beides sei gut evangelisch. Auch hier: mißverstandene Toleranz. Jedem Verein gesteht man zu, in seiner Satzung Bestimmungen haben zu dürfen, die den Ausschluß regeln.

– Davon abzugrenzen ist, wenn die Kirche staatlichen

Zwang anfordert oder wirksam werden läßt, um ihre Ziele zu erreichen. (Bis vor kurzem zahlten Schwedens Katholiken Kirchensteuer für die lutherische Staatskirche.) Diese Zwangsmaßnahmen, die auch fast alle reformatorischen Kirchen nie verschmäht haben, gehören hoffentlich der Vergangenheit an.

Wir halten fest: Der Kirche anzugehören oder nicht, das muß freiwillig sein. Solange man ihr angehört, muß man ihr das Recht einräumen, der Meinung zu sein, daß nicht alles egal ist, was die Mitglieder äußern und tun, besonders wenn es öffentlich geschieht. Daß über diese Dinge so weitgehend Unklarheit herrscht und daß immer wieder leicht »Stimmung gegen die Kirche gemacht« wird, wenn sie es auch nur einmal wagt, Grenzen ihrer Geduld zu zeigen, weist darauf hin: Die Schwelle des Zugangs zur oder Weggangs von der christlichen Kirche ist fast unsichtbar geworden. So nimmt es nicht wunder, daß immer wieder und ohne Bedenken allgemeine Toleranz ausgespielt wird gegen jeden Anspruch der Kirchen auf verbindliche Regeln innerhalb ihrer Gemeinschaft. Dagegen wird hier die These vertreten: Der Innenraum der Kirchen ist kein Feld unbegrenzter Toleranz. Ähnliche Grenzen hatten wir bereits für den Dialog mit Religionen gefordert. Auch hier gibt es »achtbare Religionen« und solche, die dies keineswegs sind.

Grenzen des Dialogs

Persönliche Grenzen des Dialogs wird man nicht leichten Herzens setzen. Aber sachliche Grenzen sind hier zu nennen. Sie betreffen die schwierige Frage, welche der im Angebot stehenden Religionen überhaupt als solche anzusehen, zu achten und zu würdigen sind. Gewiß ist jede Äußerung eines Menschen eine Art, in der seine Freiheit und Würde Gestalt gewonnen hat. Doch ist die Welt leider gerade in religiöser Hinsicht von Verirrungen und Wahnsinnstaten so voll, daß es mir wichtig erscheint, über Grenzen nachzudenken. In jüngster Zeit häufen sich Fälle sogenannter Mord- und Selbstmordsekten. Nehmen wir als krasses Beispiel den Fall der Selbstmordsekte, die geschlossen zum Sirius »auswandern« wollte und dieses durch kollektiven Selbstmord in die Tat »umgesetzt« hat. In einem solchen Fall kann es nicht nur keinen Dialog geben (im Sinne des Nehmens und Gebens zwischen Religionen), vielmehr besteht sicherlich die sittliche Pflicht, Menschen an der Ausübung ihrer Religion zu hindern, und zwar auch mit Gewalt. – Ähnliches gilt – nun schon weniger exotisch, weil zu unserer eigenen mitteleuropäischen Vergangenheit gehörig – von der religiös und theologisch begründbaren Meinung, es gebe Hexen, und diese seien mit Gewalt, und zwar durch Verbrennen bei lebendigem Leibe, auszurotten. Diese Meinung ist sogar in gelehrten Traktaten minutiös theologisch begründet worden. Man könnte daher zumindest mit der Versuchung kämpfen, dies sei gar kein Wahnsinn und keine Hysterie, sondern achtbare Theologie, für die es Studiengänge und Lehrstühle geben müsse. Man hat gegen den Hexenglauben gekämpft, aber nicht im Sinne eines Dialogs, bei dem nicht von vornherein klar gewesen wäre, auf welcher Seite die Wahrheit war. So gewiß Mord und Selbstmord Äußerungen menschlicher Freiheit sind, so eindeutig ist auch, daß keineswegs alles, was der Religionsfreiheit entspringt, gut ist. Aber wo ist die Grenze? Viele Menschen sind zum Beispiel der Meinung, ein strenges Klosterleben sei Vergeudung des Lebens und menschenunwürdig, vielleicht eine Art Selbstmord auf Raten. Dennoch hindern wir in der Regel solche Menschen nicht mit Gewalt an ihrem Weg.

Im Rahmen unseres Themas ist die Fragestellung wichtig, um wenigstens die Richtung anzugeben, in der zu fragen ist. Ganz gewiß bedeutet jeder Irrtum, der sich breitmacht, eine Anfrage an die bestehenden Kirchen, ob bei ihnen zum Beispiel die Frage nach dem, was auf den Tod folgt, ausrei-

chend vorkommt und nicht nur irgendwie, sondern angemessen beantwortet wird. Aber die Existenz von Menschen,
die »schwarze Messen« halten, weil in der Kirche Geheimnis
und Gruseln zu wenig vorkommen, nötigt noch nicht dazu,
Akademietagungen mit Lesern schwarzer Messen zu veran-
stalten. – Also noch einmal: Wo liegen die Grenzen, damit
man von einer achtbaren Religion sprechen kann? – Folgende religiösen Phänomene sind meines Erachtens nur zu
bekämpfen:

– Kulte, die Mord, Tötung von Menschen oder Selbstmord
für ein legitimes Mittel der Praxis ihrer Religion halten.

– Religionsimitate im Sinne totalitärer politischer Parteien
(NSDAP, KP). Man hat vielfältig nachweisen können, daß
diese Parteien umfassend und bewußt für ihre Selbst-
Inszenierungen die christliche Liturgie zur Vorlage genommen haben.

– Religionsimitate im Sinne des antiken und neuzeitlichen
Herrscherkultes. Schon die Offenbarung des Johannes richtet sich voll Empörung gegen diese »Religion«, die in vielen
Punkten Entsprechungen zum Christentum hat. Die ganze
Schrift des Sehers Johannes ist von dem Prinzip der teufli-
schen Nachäffung bzw. Verwechselbarkeit her zu verstehen,
die zwischen Herrscherkult und Christentum besteht.

– Religionsersatz im Sinne der anfangs geschilderten Mi-
schung aus Esoterik (inklusive Astrologie), Humanismus
und säkularisierten Religionsformen (Jugendweihe).

– Kulte, die sich einseitig auf die Hervorbringung nur eines
Effektes spezialisieren, ohne daß Verantwortung für das Da-
sein des Menschen im ganzen übernommen wird (Nekro-
mantie). Man könnte auch sagen: Kulte, denen auch nur der
bescheidenste Ansatz zu einer Ethik fehlt.

– Entschieden antichristliche Kulte (Teufelsanbeter etc.).

– Pseudo-Religionen, die zum Beispiel als Religion getarnt
nicht-religiöse Zwecke verfolgen und Götter, Heiliges,
Transzendenz etc. nicht kennen und somit aus jedem Vergleich herausfallen. Eine Religion ist nicht achtbar, wenn sie

durchsichtigen anderen Zwecken dient; der Verdacht besteht zum Beispiel bei der von John Paisley, dem nordirischen Protestantenführer, eigens zur Stützung seiner nationalistischen politischen Ambitionen gegründeten »Kirche«.

Fazit: Pseudoreligionen oder Rumpfkulte sprechen der alten und genuinen Verknüpfung von Religion und Kultur Hohn. Offenbar macht erst eine bestimmte religiöse Kultur (verstanden im weitesten Sinne des Wortes, nicht im Sinne des Kulturprotestantismus), wie zum Beispiel die Entwicklung von Anthropologie und Ethik, vielleicht auch von Ritualen, die das menschliche Leben begleiten, eine Religion gesprächsfähig.

Dialog zwischen den Religionen

Ich stelle mir zwei Sorten von Lesern dieses Buches vor: Solche, die von einem kritischen Neutestamentler erwarten, er möge das Tor zum Gespräch und zur Versöhnung mit den anderen Religionen weit öffnen – und solche, denen pluralistische Religionstheorie und eine allzu weiche ökumenische Irenik inzwischen zum Halse heraushängen. Ich werde gewiß beiden eher Verdruß als Lust bereiten. Denn das Neue Testament läßt sich, fremd und abständig, wie es ist, vor keinen dieser beiden Karren spannen. Weder kann ein Bibelprofessor mit einem Federstrich Religionen versöhnen, noch kann er sich dafür einsetzen, die Bibel überall im Wortlaut zu befolgen. Dann müßten wir nach 1 Korinther 7 die Sklaverei wieder einführen.

Beitrag zum Frieden

Ziel eines jeglichen Dialogs ist auf jeden Fall zunächst immer die Gewaltfreiheit. Solange man miteinander redet, schweigen die Waffen, die häufig genug aus religiösen Gründen oder unter entsprechenden Vorwänden gebraucht worden sind. Schon Nicolaus Cusanus (15. Jahrhundert) weiß das und schreibt, wie erwähnt, eine Abhandlung »Über den Frieden zwischen den Religionen«. Er versucht in dieser mutigen Schrift, die bestehenden Ähnlichkeiten aufzuzeigen, die andere Religionen mit dem Christentum verbinden. Er läßt keine Zweifel daran, daß er es ihnen so erleichtern möchte, christlich zu werden. Da dieses Ziel heute in der Regel nicht gegeben ist, muß man die Frage beantworten, ob der Dialog zwischen den Religionen außer der Befriedigung der Neugier und der Bewahrung des Friedens noch irgendeinen anderen Sinn haben soll.

Nehmen und Geben?

Die Wechselbeziehungen zwischen Religionen sind nicht am grünen Tisch zu regeln, sondern haben sich vielfach ergeben, ohne daß eine Theorie sie steuerte. Für das Judentum und das Urchristentum gelten dabei wegen des »intoleranten« Ersten Gebotes (kein Gott außer Jahwe) besondere Regeln:
– Fast alles konnte aufgenommen werden, wenn nur das Erste Gebot nicht berührt wurde. In Wirklichkeit verlief der Prozeß wohl umgekehrt: Die Religion des Alten Israels war den Nachbarreligionen geschwisterlich verbunden. Die Konsequenz des Ersten Gebotes bildete sich erst unter großen Mühen, inneren Kämpfen und nach viel Streit, Prophetenzorn und Abfall unter Geschwistern heraus.
– Fast alles konnte aufgenommen werden, wenn es sich dem gesellschaftlichen Ideal der »Familie« des Volkes Gottes einfügte. Hier lag die besondere Rolle vieler Propheten und des Deuteronomiums.
– Aus vielen Zauberpapyri der Umwelt des Frühjudentums kann man ersehen, daß der Name des Gottes Israels als besonders wirksames Zaubermittel galt. So ist der Geheimname (oft wiedergegeben als IAO oder IEOA oder ähnlich)

– vom Sabbat einmal abgesehen – Israels wichtigster religiöser Exportartikel.

– Im Austausch besonders wichtig ist die Größe »Weisheit«.
Sehr unbefangen wurde ägyptische Weisheit in die Sprüche
Salomos aufgenommen. Leicht war Weisheit »jahwesiert«,
wie man sagt.

Was wir hier am Alten Testament beobachten, vollzieht sich
in späteren Jahrhunderten immer recht ähnlich. Der Bereich, den wir heute »Magie« nennen, war für die Volks-
frömmigkeit aller christlichen Jahrhunderte konstitutiv.
Hier gelang die Durchdringung Germaniens mit dem Christentum am leichtesten. Die Glockeninschriften des Mittel-
alters belegen, daß magische Segenssprüche für den Alltag
der Menschen sehr wichtig waren.

Gerade auch für die Kategorie »Weisheit« gilt dieses – so-
ziologisch etwas höher angesiedelt – bis heute. Diesem
Thema ist daher besondere Aufmerksamkeit zu widmen.
Sammlungen von Weisheitsworten sind seit der Antike ein
sehr kommunikatives Element halb-literarischer Kultur.
Weit verbreitet waren die »Sprüche der sieben Weisen«, zu
denen unter anderen Thales von Milet gehörte. Im Judentum wurden kanonische und außerkanonische Sammlungen
unter dem Namen Salomos angelegt. Jesu Worte werden für
die Heidenchristen in den noch erhaltenen Sprüche-Sammlungen des Thomas-Evangeliums und des Philippus-Evan-
geliums herausgegeben. Seit der Aufklärung sind in Westeuropa Anthologien beliebt unter Titeln wie »Fernöstliche
Weisheiten«, »Weisheiten der Beduinen«, »Weisheiten
Buddhas«, »Weisheiten des Lao-Tse«, »Sprüche des Kung-
Fu-Tse«. Büchlein mit solchen Titeln liegen bis heute in
Buchläden nahe bei der Kasse, weil ihr Inhalt – auch wenn
er, wie fast immer, religiösen Ursprungs ist – unverbindlich
ist und leicht zu merken – was für Reden und Gespräche
wichtig ist, die man zu führen hat. Allzu nahe darf der Ursprung solcher Anthologien den potentiellen Käufern frei-

lich nicht stehen; eine Sammlung »Worte Jesu« hätte wohl kaum große Marktchancen, weil dann das Element der Unverbindlichkeit fehlte und die Empfänger dieser Gastgeschenke der Meinung sein könnten, ihr Verhältnis zum Kirchgang solle angemahnt werden.

Aufgrund der Eignung als »schnell besorgtes kleines Gastgeschenk« ist die Verbreitung von derlei Büchlein enorm. Da steter Tropfen den Stein höhlt, haben solche Spruchweisheiten die Akzeptanz fernöstlicher Religionen in Westeuropa, die seit den achtziger Jahren rapide angewachsen ist, im bürgerlichen Milieu vorbereitet.

Interessant ist, daß die synoptischen Evangelien gerade jene beiden Elemente enthalten, deren Bedeutung für den interreligiösen Kontakt wir hier herausgestellt haben:

– Die ersten drei Evangelien enthalten Wunderberichte in großer Zahl, die selbst in der Darstellung auf das Repertoire internationaler Magie zurückzugreifen scheinen (vgl. Worte wie *effata, talitha kum* als »Zauberworte« Jesu) und die jedenfalls in späteren Jahrhunderten als magische Texte verlesen wurden, um Entsprechendes zu bewirken.

– Sie enthalten Sprüche-Sammlungen Jesu (wie zum Beispiel die Bergpredigt Matthäus 5–7), die eine große Karriere gemacht haben. Auch die Seligpreisungen sind eine derartige Sammlung von Weisheitsworten.

Mit beiden Funktionen (Magie zum Zweck von Heilungen; Spruchweisheit) treffen die synoptischen Evangelien genau den Bereich der interreligiösen Kommunikation. Auf diese Weise wirken sie werbend. Denn sie besetzen die klassischen Themen, mit denen schon das Judentum mit seiner Umwelt kommuniziert hat. Anders das Johannes-Evangelium, das in viel höherem Maß für Insider geschrieben ist und dem entsprechend eine Mission im landläufigen Sinne nicht kennt.

Unschwer ist aus dem Dargestellten zu erkennen, daß in den Bereichen »Magie« und »Weisheit« auch heute noch wichtige Verbindungswege zwischen den Religionen bestehen. Unter »Magie« ist der gesamte Bereich der Esoterik (inklusive Astrologie) zu verstehen, unter »Weisheit« abgesehen von Sprüche-Sammlungen auch gesellschaftliche (soziale) Zielvorstellungen (zum Beispiel des Koran), für die Interesse besteht.

Zwischen diesen beiden Bereichen steht das Feld der »Mystik«, die als klassisches Feld interreligiöser Kommunikation gilt. Freilich ist es wesentlich schwieriger als bei Magie und Weisheit, hier zu einer Definition zu gelangen. Anders als die »Weisheit« ist Mystik auch stets mit einer bestimmten Praxis verbunden. Wer das übersieht, wird mystische Texte »pur« kaum je verstehen können. Es waren und sind christliche Mönchsorden (Jesuiten, Benediktiner), die sehr offen mystische Praktiken asiatischer Herkunft zu übernehmen sich in der Lage sahen. Der Höhepunkt dieser Bewegung scheint freilich überschritten zu sein. Der wirtschaftliche Niedergang zwingt zur Besinnung auf das Eigene. Denn politische, kulturelle und wirtschaftliche Geltung standen schon immer in engster Beziehung miteinander. An der Geschichte des hellenistischen Zeitalters kann man vielleicht auch dieses ablesen: Wohlstand bedeutet kulturelle Öffnung, Niedergang bewirkt Besinnung auf die eigenen Güter – mit allen Vor- und Nachteilen, die so etwas haben kann.

Es geht um einen wirklichen Austausch; nicht nur die Christen sind die Nehmenden. Zum Beispiel ist der Buddhismus seit Ende des 19. Jahrhunderts nach dem Vorbild des Christentums eine missionierende Weltreligion geworden. Umstritten ist, ob das buddhistische Mönchtum Wesentliches vom christlichen Mönchtum übernommen haben könnte.

Ohne daß große theoretische Dialoge geführt würden, vollzieht sich der Dialog durch praktischen Austausch. Je offener die Grenzen sind, um so intensiver und unkontrollierter ist eine solche praktische Berührung der Religionen möglich. Der Mentalitätswandel in Richtung Toleranz ist doch vor allem von der faktisch gegebenen Möglichkeit zu Kontakten abhängig.

Von dieser Art der Kommunikation zu unterscheiden sind:

Religionsgespräche

Mit diesem anspruchsvollen Wort meine ich mehr oder weniger offizielle Gespräche von Repräsentanten der Weltreligionen miteinander. Hier geht es mithin auch um die jeweilige »Theorie«, um nicht zu sagen »Theologie«. Was ist deren Sinn? Genannt wurde bereits Frieden (durch Verständnis für einander), Wissenwollen und sich am anderen neu zu entdecken.

Man muß skeptisch bleiben bezüglich dessen, was man wirklich versteht. Ist »verstehen« nicht schon zu hoch gegriffen? Aber sicher weisen die Grenzen des Verstehens die Partner des Gesprächs hin auf die enge Verfilzung von Religion und Kultur auf jeder Seite. Schon Nicolaus Cusanus hat auf diese Beschränkungen und Bedingungen hingewiesen. In unserer Sprache formuliert: Die Vorstellungen etwa der arabischen Moslems über das Paradies sind der Art, daß kein Christ von nördlich der Alpen derartiges würde ersehnen wollen. Welcher Deutsche, fragt er, würde zum Beispiel die schwarz-braunen Arabermädchen haben wollen, die die Araber sich für das Paradies ersehnen? So entspreche die Unterschiedlichkeit der Religionen wesentlich der der Kulturen; die Glaubensdifferenzen seien demgegenüber geringfügig und könnten durch ein paar Überlegungen ausgeräumt werden.

Der Dialog mit anderen würde demnach den unüberspringbaren historischen Rahmen sichtbar werden lassen und vor

der Versuchung schützen, gewissermaßen am Schreibtisch
eine rationalistische Meta-Religion zu entwerfen.

Selbsterkenntnis am Fremden

Verschüttetes im eigenen Bereich wird oft wiederentdeckt,
wenn man es bei anderen erlebt. Dabei bleibt die Frage offen, wieweit man dann wirklich den Fremden versteht oder
nur sich selbst besser. Beides ist aber sicher nützlich.
Zum Beispiel wenn ein Kollege eine große Opferfeier in einem indischen (hinduistischen) Tempel schildert und er dabei verstehen lernt, was kultisches Opfer bedeutet: »Tief im
dunklen Innersten (sc. des Tempels), das Nicht-Hindus
sonst verwehrt ist, wurden wir vor einem Kultbild Shivas
und seiner Gattin Parvati von zwei jungen Priestern freund-
lich eingeladen und sahen uns plötzlich in eine ... symbol-
starke Puja-Opferfeier verwickelt, die uns innerlich erschüt-
terte durch ihre Fremdheit und tiefe Ernsthaftigkeit
zugleich. Wir gerieten in eine derartige innere Spannung
zwischen der fremden Manifestation und Verehrung des
Göttlichen und dem ersten Gebot ..., daß wir hinterher
ganz fertig waren. Wir waren ... ›hinübergeglitten‹ in die
religiöse Erfahrung des Anderen ...« (H. Kessler: Pluralistische Religionstheologie und Christologie, in: R. Schwager
[Hg.], Christus allein?, 1996, 158).
Nach der Lektüre dieses Textes versteht man besser, welche
Anfechtung es für die Menschen Israels nach dem Alten
Testament bedeutete, daß sich im eigenen Land, sozusagen
bei den alteingesessenen Nachbarn, derartig eindrückliche
Fruchtbarkeitsriten vollzogen. Dieses wird man allgemein
sagen dürfen: Auseinandersetzungen der Vergangenheit versteht man erst dann ganz, wenn das Abgewiesene, Unterle-
gene, Ausgeschiedene als eigene Möglichkeit, als wirkliche
Versuchung und nicht als billiger exotischer Blödsinn wiederentdeckt wird. Diese Weise der »Aktualisierung« scheint
mir die sinnvollste: nicht, daß Lösungen von früher jetzt auf

Fragen bezogen werden, für die sie nicht gedacht sind, sondern daß Kämpfe von früher als nicht abgeschlossene, offene Sache entdeckt werden können.

Die Postmoderne führt uns in dieser Hinsicht ganz überraschend vor Augen: Die religionsgeschichtliche Situation, in der sich Frühjudentum und Neues Testament befanden, kehrt in ähnlicher Gestalt zunehmend wieder. Neue polytheistische Mythologie steht neben der Forderung, endlich weibliche Gottheiten zuzulassen (in der Kirche natürlich).

Menschenrechte als gemeinsame Basis?

An die Geltung, Bedeutung und Allgemeinverbindlichkeit der Menschenrechte werden gerade im Zusammenhang unseres Themas große Erwartungen gestellt. Diese haben folgende Gestalt:

– Menschenrechte sollen das einigende Band zwischen unterschiedlichen Religionen sein.

– Menschenrechte sollen das Kriterium für die Gesprächsfähigkeit von Religionen im »ökumenischen Dialog« sein.

– Restlose Umsetzung der Menschenrechte gilt zumindest als eschatologisches Fernziel in dem Prozeß, in dem sich Religionen aufeinander zu entwickeln.

– Das Recht auf Religionsfreiheit und ihr entsprechende Toleranz gegenüber der jeweils vertretenen Religion zählen zu den Menschenrechten. In dieser Hinsicht werden Menschenrechte direkt im Bereich der Religion wirksam. Die hohe Akzeptanz der pluralistischen Religionstheorie beruht entscheidend darauf, daß man in ihr eine Widerspiegelung von Toleranz und Religionsfreiheit erblickt. Toleranz ist auch deshalb zum bürgerlichen Religionsersatz geworden, weil sie im Sinne der Praktizierung sanfter Geduld als *die* Form christlicher Liebe gilt. Man könnte auch von einem unglücklich säkularisierten Erbe des Pietismus sprechen: Die Aversion gegen die Dogmen (Orthodoxie) ist geblieben, nur eine säkularisierte, sanft duldende Toleranz ist geblieben. Woher sie im Ernstfall Überlebenskräfte beziehen soll, bleibt offen.

Eine nüchterne Einschätzung zeigt freilich, daß Menschenrechte diese Rolle als eine Art »Überreligion« in keiner Weise werden spielen können. Vielmehr werden sie in Ländern der Dritten Welt zunehmend als europäischer Exportartikel empfunden und damit als Fortsetzung europäischer Hegemonialansprüche mit neuen Mitteln. Überdies kann man nicht behaupten, die Menschenrechte seien im Zentraldokument des Christentums, der Bibel, ausreichend begründet. Christen selbst also müssen zugeben, daß es sich hier erst um eine spätere Errungenschaft ihrer europäischen Kultur handelt, nicht aber um einen zentralen Punkt ihrer eigenen Religion.

Diese Bemerkungen bedeuten gewiß nichts »gegen Menschenrechte«. Sie sollen nur den Blick dafür offenhalten, daß auch in diesem Fall vermeintlich geschichtsneutrale bzw. religionsübergreifende »Prinzipien« nicht halten, was sie versprechen.

Nach den Menschenrechten kann der Mensch seine Religion frei wählen – nach Auskunft der Bibel spielt es sich etwas anders ab, wenn der Mensch in Kontakt mit Gott kommt und ihm dann zugehört: Er wird gerufen und ist gegebenenfalls gehorsam (Markus 1,16–18), oder er wird überfallen und zu Boden geworfen wie Paulus (Apostelgeschichte 9,1–9). Von Wahlfreiheit oder Entscheidungsfreiheit ist nicht die Rede.

Die Bibel Alten wie Neuen Testaments sieht den Menschen vor Gott in der Rolle des Sklaven. Der Wille Gottes gilt daher strikt verbindlich, der Unterschied zwischen Sklaven Gottes und Sklaven anderer Art, zum Beispiel Sklaven der Ungerechtigkeit, besteht in der Unterschiedlichkeit des Sklavensolds: Leben oder Tod (Römer 6,15–23). Von eigenverantwortlichem, mündigem moralischen Urteilen des Menschen ist keine Rede.

Der Gott Israels stellt das Erste Gebot auf und verbietet die Achtung anderer Götter. Denn er will allein als Gott angebetet werden. Dieser »Einseitigkeit« entspricht eine andere: Sein Liebling ist Israel. Abraham, Isaak und Jakob sind erwählt – und eben nicht der Rest der Menschheit. Da ist keine Rede von der Gleichheit aller Menschen vor Gott und der prinzipiellen Gleichrangigkeit ihrer religiösen Überzeugungen.

Für uns ist Freiheit als Freiheit zur Selbstverwirklichung ein Grundwert. Die Bibel kennt keine Freiheit zur Selbstverwirklichung.

Bei Gott wird Autorität »von oben herab« delegiert; die Autoritätsträger sind Gottes Repräsentanten. Jesus verleiht Vollmacht (Markus 6,7). Hinter jedem Gesandten wird der Sendende sichtbar (Matthäus 10,40), Gott verleiht Charismen »wie er will« (1 Korinther 12,11). Von einer rational oder funktional begründeten Autorität oder gar ihrer Kontrolle durch Menschen ist nicht die Rede. Auch dort, wo die Gemeinde später selbst Entscheidungen finden muß, sagt sie doch, es sei der Heilige Geist gewesen (Apostelgeschichte 13,2). Sendung ohne Kontrolle und Verleihung von Gaben »von oben herab« sind im Prinzip undemokratisch.

Nach der Bibel kann und soll der Mensch »alles auf eine Karte setzen«, zum Beispiel Jesus nachfolgen in der bedingungslosen Freiheit von aller Besorgung irdischer Interessen (Matthäus 6,25–34). Von einer ganzheitlichen Ausbildung aller Interessen und Fähigkeiten des Menschen inklusive seiner biographischen Wandlungen (»individuelle Selbstverwirklichung«) kann in der Bibel keine Rede sein.

Jedenfalls im Neuen Testament gilt (außer in Jakobus 3,9, einer ganz entlegenen Stelle) der Satz nicht, daß alle Menschen als Menschen Gottes Ebenbild sind. Eindeutig nur Jesus Christus ist Bild und Abbild Gottes, ihm kann man als Glaubender ähnlich werden (1 Korinther 15,45–49; Kolosser 1,15), aber eben nur so. Es gibt deshalb keine Ebenbildlichkeit aller Menschen, weil nach biblischer Auffassung

Ebenbildlichkeit kein statischer, sondern ein funktionaler Begriff ist. Ebenbild ist jeweils der, der Gott am nächsten steht. In 1 Mose 1,26f war das der Mensch (männlich und weiblich) im Unterschied zu allen Tieren, im Neuen Testament ist es Jesus Christus im Unterschied zu allen Menschen.

Resultat: Man kann die modernen Menschenrechte nicht aus der Bibel begründen. Deren Menschenbild ist dem der aufgeklärten Moderne weithin strikt entgegengesetzt. Diese Feststellung bedeutet kein Werturteil über eines von beiden. Vielmehr gilt: Erst wenn die Bibel in ihrer Eigenständigkeit, Fremdheit und Unvereinnahmbarkeit entdeckt ist, kann sie kritisch einwirken. Als eine bloß bestätigende Größe hat sie keine Chance.

Zum Beispiel hat das Bild des Sklaven bei der Beschreibung des Verhältnisses zwischen Mensch und Gott viel Wahres, denn Gott gegenüber ist der Mensch nicht frei im Sinne der Wahlfreiheit noch autonom oder zur Selbstverwirklichung befugt. Und der bedingungslose Ruf Jesu in die Nachfolge kann befreiend und erleichternd wirken.

Für unsere Fragestellung bedeutet das: Wie kostbar Menschenrechte sind, weiß in der Regel nur der, der (zeitweise oder lebenslänglich) darauf verzichten mußte, obwohl er ihre Existenz und ihren Inhalt kannte. Dennoch bleibt auch ihre Beziehung zur biblischen Religion zweideutig. Nur im kritischen Gegenüber zueinander gelangen beide zu Profil und Entfaltung. Werden Menschenrechte zum alleinigen Inhalt einer Religion – wie das tendenziell in Westeuropa der Fall ist –, bleiben sie genauso fade und langweilig, wie ein unkontrolliert patriarchalisches Ordnungsbild der Bibel, heute angewandt, nur ärgerlich wäre.

Insofern bestehen Analogien zwischen der pluralistischen Religionstheorie und den Menschenrechten.

Man darf auch fragen, ob die biblische Religion Alten oder Neuen Testaments sich jemals als »tolerant« hätte bezeichnen lassen. Wahrscheinlich hätten die Propheten und Apostel auf die Frage nach Toleranz geantwortet: Wo es darauf ankam, schreiendes Unrecht zu brandmarken, Untreue Israels gegenüber seinem Gott, Ausbeutung der Armen, Mißhandlung des Fremdlings, wo es darauf ankam, die Ärmsten und Elendesten der Menschen aufzusuchen (»Wißt ihr, was es bedeutet, im Palästina des 1. Jahrhunderts nach Christus eine Dirne zu sein?«), da kommt die Rede von Toleranz wie aus einer völlig anderen Welt. Vielleicht hätten sie geantwortet: Toleranz ist die Tugend derer, die nicht mehr arm und verloren sind – oder die jedenfalls ganz andere Sorge haben als Propheten und Apostel.

8. TEIL

Mission

Das Problem

Das Neue Testament enthält eindeutige Aufträge zur Mission. Diesen Texten ist nicht dadurch »beizukommen«, daß man erklärt, sie seien nicht von Jesus, sondern vom Auferstandenen formuliert und daher Gemeindebildung.

Andererseits ist christliche Mission durch jahrhundertelange Verquickung mit Kolonialismus, Ausbeutung und Imperialismus in ihrem Ansehen stark geschädigt. Im Zeichen erstarkender nationaler Kulturen ist vielerorts die Mission gefährdet. Gegenüber Judentum und Islam ist sie schon immer wenig ertragreich oder theologisch umstritten gewesen.

Was liegt also näher, als aus diesem Ist ein Soll der Art zu machen, daß man Mission überhaupt für unmoralisch hält?

Zerstörung von Kulturen?

In der Geschichte der christlichen Mission hat nicht nur häufig der Kolonialismus die Oberhand gewonnen, es wurde oft auch, gerade wegen der allerorten engen Verknüpfung von Kultur und Religion, die vorgefundene Kultur zerstört. Selbstbewußtere Völker lassen sich das heute nicht mehr gefallen. Entsprechend schwieriger ist daher auch die Mission geworden. Das Problem scheint zu sein: Wo ist die Grenze zwischen Religion und Kultur? Was ist zu bewahren, was zu verwerfen? Dieselbe Frage ist aber auch für die Missionare zu stellen: Auf welche Teile ihrer Kultur müssen sie verzichten, wenn sie das Evangelium verkünden wollen? Das Problem existiert auch in unserer Gegenwart in unserem Land, und zwar angesichts der geschilderten Gruppen, die jede für sich ernst genommen werden wollen.

Leider ist das Problem nicht durch Subtraktion zu lösen. Man kann das Evangelium nicht einfach von einer Kultur abziehen und zu einer anderen hinzufügen. Denn es besteht, wie wir gesehen haben, nie ohne die Kultur, in der es Gestalt angenommen hat.

Nicht Zerstörung der Kultur, an die sich Mission richtet, kann das Ziel sein – wohl aber Verwandlung, auch als Gegenbild zur Versteinerung.

Grundsätzlich missionarisch

Ein Christentum, das nicht missionarisch ist, hat meines Erachtens den Geist aufgegeben. Gewiß kommt es in erster Linie auf Art und Stil der Mission an, und hier liegt das gravierendste Problem. Aber es gibt eben nicht wenige Christen, die zu einer prinzipiellen Infragestellung missionarischen Weitersagens gelangt sind.

Dagegen gilt:

– Wer von einer Sache überzeugt ist, will sie weitersagen, empfehlen und ausbreiten. Wenn er sich seiner Sache wirklich sicher ist, wird er dies nicht mit Gewalt tun. Jede Freude will sich mitteilen. Das ist so gut verständlich wie bei der Frau, die ihre Nachbarinnen ruft und ihnen vor Freude mitteilen muß, daß sie den verlorenen Groschen wiedergefunden hat (Lukas 15,9f).

– Die Missionsaufträge erteilt wohl nicht deshalb erst der Auferstandene, weil die Evangelisten sagen wollen, daß sie »unecht« (das heißt: nicht von Jesus) seien, sondern weil die Jünger das mühselige und auch theologische Grenzen (Israel!) sprengende Unternehmen der Mission auch damals schon überhaupt nur aus visionärer Begeisterung vollbringen konnten (vgl. dazu auch andere visionär vermittelte Missionsaufträge wie Apostelgeschichte 22,21; 26,17f); nach Lukas 24,41 waren sie »ungläubig vor Freude« und erhielten dann den Missionsauftrag.

– Man kann eine Sache nur an Menschen weitergeben, die Bedarf haben. Gewiß, man kann Bedarf wecken, aber ob sie Bedarf haben, müssen die Adressaten selbst entscheiden.

– Wer eine Sache für wertvoll, ja für den Schatz schlechthin hält, wird ihn auch seinen Kindern nur wünschen können. Hier ist nicht über Kindertaufe zu streiten, sondern: Wenn Eltern das Christsein schätzen, geben sie dies durch die bekanntermaßen allein erziehungswirksamen tausend kleinen Zeichen zu erkennen. – Das Problem christlicher Mission wird nicht am fernen Kongo gelöst, sondern in heimischen Kinder- und Eßzimmern. Den übrigen Mitgliedern der traditionellen Großfamilie (Großmutter, Tanten, Cousinen usw.) kam dabei eine Bedeutung zu, die mindestens so groß war wie die der Eltern, die dank Trotz- und Pubertätsphasen (der Kinder!) im Erweisen ihrer Glaubwürdigkeit ohnehin stark gestreßt waren und sind.

Zwei Typen von Mission

Das frühe Christentum kennt zwei grundsätzlich unterschiedliche Ausrichtungen von Mission, deren eine uns kaum noch bewußt ist: die zentrifugale und die zentripetale Mission.

Die *zentrifugale* Mission besteht darin, daß der Missionar (oder sein schriftlicher Stellvertreter, der Apostelbrief) von einem Zentrum aus sich zu den Adressaten hin bewegte, sie besuchsweise aufsuchte und am fremden Ort wirkte. Die Probleme der antiken Reisetätigkeit und Nachrichtenübermittlung wurden damit die Probleme der christlichen Mission. Nachteil: Der Apostel war ein Fremder vor Ort, er konnte die Gemeinde nur in Abständen besuchen. Viele

Probleme, die Paulus in seinen Briefen erörtert, ergaben sich daraus, daß der Apostel nicht beständig vor Ort sein konnte. Eigentlich ein Unding: Angesichts einer ungefestigten jungen Gemeinde ist die zentrale Autoritätsfigur, der Apostel, ständig (nahezu) unerreichbar verreist. Es dauerte daher auch extrem lange, bis sich lokale Autoritäten festigen konnten. – Eine Gestalt dieses Missionstypus praktiziert auch Jesus, indem er je zwei Jünger aussendet, ihnen genaue Regeln gibt und ihre Rückkehr erwartet. Dieser Typ macht es auch nötig, daß Vollmacht auf die Abreisenden übertragen wird.

Nach dem *zentripetalen* Typ von Mission werden nicht Jünger »ausgesandt«, um nach kürzerer oder längerer Wanderung zurückzukehren. Vielmehr sind die Gemeinden selbst in ihrer Anziehungskraft Mittelpunkt der Mission. Die »Heiden« kommen aus Neugier hinzu oder weil sie von der Gemeinde gehört haben, weil sie im wahrsten Sinne des Wortes »attraktiv« sein soll usw.

Ausdrücklich geschildert wird eine solche Situation in 1 Korinther 14,23–25: Die Gemeinde ist versammelt, es kommen Nichtmitglieder oder Nichtgläubige hinzu. Sie erleben die Gabe der Prophetie in der Gemeinde. Denn einer, der hinzutritt, wird von der (offenbar im Kollektiv) prophezeienden Gemeinde in seinem Herzen erkannt, das heißt, die prophetisch tätigen Gemeindeglieder können ihm seine Sündenschuld offenbaren (sie können ihn »beurteilen«), denn sie haben die Gabe der Herzenserkenntnis. Wenn der Nichtgläubige sich so »überführt« sieht, fällt er auf die Knie und betet Gott an mit dem Ausruf: »Wahrlich, Gott ist in eurer Mitte.«

Zum Vergleich: Auch in Johannes 4,18f gehört die Gabe der Herzenserkenntnis zur Primärmission, denn Jesus kann der Samaritanerin ihre Ehegeschichten aufzählen. Ähnlich wie in Korinth diese Gabe zum Prophezeien gehört, sagt daraufhin die Samaritanerin zu Jesus: Herr, ich sehe, du bist ein Prophet. – Der Unterschied: Nach dem Johannes-Evangelium kommt Jesus als Wandermissionar zu der Samaritanerin hin, nach 1 Korinther 14 treten die Nichtmitglieder zur Gemeindeversammlung hinzu.

Da sich im Johannes-Evangelium kein Aussendungsbericht findet, kann man annehmen, daß die Adressaten im übrigen nur eine zentripetale Mission gekannt haben; dafür spricht besonders: Die Herrlichkeit Gottes, die Jesus in seinen Wundern sehen läßt (Johannes 2,11; 11,4), zeigt die Gemeinde nicht durch diese typischen Werke eines Wandermissionars, sondern durch ihre gegenseitige Liebe (Johannes 17,21–24) – die man gewiß nur erkennen kann, wenn es sich um eine fest ansässige Gemeinde handelt.

Ebenso dürfte dieser Typus von Mission bei den Adressaten des Judasbriefes (Vers 12) vorliegen, denn hier gibt es Leute, die sich zu den Liebesmählern der Gemeinde einfinden, aber nicht dazugehören. Ferner legt das Kirchenmodell des 1. Petrusbriefes, die Gemeinde als heiliger Tempel, eine zentrifugale Mission nicht nahe. Hier mag gelten, was wir auch für den 1. Korintherbrief vermuteten: Die Wende von der zentrifugalen Mission hin zur zentripetalen hat etwas zu tun mit dem Übergang von den (Wander-)Aposteln (zentrifugale Mission) zu seßhaften Ortsgemeinden ohne intensives Wirken der Apostel vor Ort (zentripetale Mission).

Dabei ist, wenn man auf die nachösterliche Gemeinde in Jerusalem nach der Schilderung des Lukas blickt, dort eine vollständig zentripetale Mission gegeben: Die Gemeinde ragt hervor durch Gemeinsinn und Frömmigkeit (Apostelgeschichte 2,44f; 4,32–35), keiner der Apostel muß durch die Häuser eilen, um Jünger zu gewinnen, auch gehen die Jünger noch nicht zu den Völkern, sondern Vertreter der Völker versammeln sich um die pfingstlich von Gottes Geist erfüllte Gemeinde (Apostelgeschichte 2,5–12).

Von unseren Beobachtungen zum 1. Petrusbrief und zum 1. Korintherbrief her legt sich daher folgender Schluß für die Darstellungsabsicht des Lukas nahe:

– Im Mittelteil der Apostelgeschichte schildert Lukas das

Wirken der Wandermissionare Petrus und Paulus. Diese Zeit der Apostel ist für ihn Vergangenheit.

– In Apostelgeschichte 1–5 stellt Lukas die Vor-Vergangenheit in Jerusalem dar und damit gleichzeitig auch das für seine eigene Gegenwart gültige ideale Modell: Keine Wandermissionare, sondern Gemeinsinn und Wirken des Geistes vor Ort. – Weil die Apostelgeschichte das, was in der Gegenwart gilt, nicht am Ende, sondern am Anfang schildert, steht auch die Eschatologie schon in Kapitel 2,16–21.

Hätte man eine traditionelle Begründung für das Modell zentripetaler Mission gesucht, wäre sie vielleicht im Motiv der Völkerwallfahrt zu finden gewesen, auf das Jesus nach Lukas 13,28; Matthäus 8,11 möglicherweise anspielt (zum Beispiel Sacharja 14,16). Diese war jedenfalls auch an Jerusalem orientiert, auf das Lukas durch seine Darstellung der anfänglichen zentripetalen Mission zurückverweist.

Wir halten fest: Die zentripetale Mission hatte in der Geschichte des Urchristentums eine große Bedeutung. Das Motiv könnte sein: Die Heiden strömen hinzu zu Gottes Volk. Das nächste praktische Vorbild ist die jüdisch-hellenistische Synagoge mit ihrem Kreis von Sympathisanten und sogenannten Gottesfürchtigen.

Die mögliche *aktuelle Bedeutung* dieses Modells von Mission kann gar nicht hoch genug eingeschätzt werden. Denn noch immer stellt man sich Mission zumeist so vor, wie es die synoptischen Aussendungsreden regeln und die Apostellegenden berichten: Ein einzelner Bote oder deren zwei werden in die Ortschaften und Häuser der Menschen geschickt (was zum Teil noch von den Mormonen praktiziert wird). Nach diesem Modell wurde auch christliche Mission vergangener Zeiten organisiert. Das Dauerproblem war dann stets – wie schon bei den urchristlichen Wandermissionaren –: Was kommt nach dem Wanderapostel?

Zur aktuellen Bedeutung:

– Das Interesse konzentriert sich nicht auf den einzelnen

Predigt-Star, der auch heute noch oft, wie einst im 1. Jahrhundert, vielfältig unterwegs ist. Das von ihm entfachte Feuer bleibt oft deshalb ein Strohfeuer, weil aus der Bewunderung für den Star noch keine Gemeinde entspringt. Starkult und Individualismus gehören zusammen.

– Wendet sich das Interesse der Gemeinde zu, so kann ihr Gottesdienst als Sichtbarmachen von Gottes Herrlichkeit die angemessene Bedeutung gewinnen.

– Als Gruppe kann die Gemeinde vielfältige Aspekte einer »geistlichen Heimat« (Einheit in der Verschiedenheit) bieten.

– Als Gruppe kann die Gemeinde auch (analog zu 1 Korinther 14,24ff) das prophetisch-kritische Element sichtbar werden lassen, und zwar öffentlich, nämlich auch in Konkurrenz, wenn es nötig ist, zu anderer »öffentlicher Hand«. Schon nach der Offenbarung des Johannes ist der Gottesdienst der Kirche eine gestaltete Gegen-Öffentlichkeit in Konkurrenz zur staatlich-römischen.

Wir halten fest: Das Konzept der zentripetalen Mission – übertragen auf heutige Verhältnisse – bedeutet: Man sollte sich darauf konzentrieren, daß die Gemeinde in ihrem Erscheinungsbild selbst das der Botschaft angemessene Medium ist. Das heißt: Die Gemeinde ist so, wie sie sich präsentiert, ausgelegte und umgesetzte Botschaft. Sie hat daher zwangsläufig die Funktion einer Stadt auf dem Berge (Matthäus 5,14) und bietet Ärgernis oder glaubwürdiges Zeugnis. Daß manches Ärgernis auch notwendig und zwangsläufig ist, sollte nicht überraschen.

Konvivenz

Da Offenbarung im Alten Testament ein Teil der Geschichte Gottes mit Israel ist und im Neuen Testament Jesus Christus selbst es ist, durch den Gott bei den Menschen und mit ihnen wohnen will, geht es bei Mission genauer gesagt darum, anderen das Zusammenleben mit dem Messias und in der Kirche zu öffnen. Das geht nicht ohne verbale Botschaft, aber im Kern hängt das Christwerden und -sein davon ab, ob dieses Zusammenleben gelingt. Das ist nichts Irrationales, sondern etwas eher Praktisches.

Konvivenz heißt: zusammen leben, zusammen Gastmahl halten. Konvivenz in der Mission deutet daher an, daß es sich um die Begegnung zweier Kulturen handelt. Im Rahmen einer solchen Begegnung und nicht anders wird das Evangelium zugänglich. Mission geschieht hier durch Hinschauen, langes Zuschauen und Abgucken bei »Funktionen« des Lebens. Wie ging Jesus mit Frauen und Kindern, Kranken und Ausgestoßenen, Armen und Reichen, Schwangeren und Sterbenden um? Und wie tun es seine Jünger? Ist ihnen der Mensch keinen Dreck wert – oder gehen sie so mit den Menschen um, wie man es sich von Gott erträumen könnte? Wie werden sie damit fertig, wenn einer gesündigt hat – oder kehren sie es unter den Teppich? Wir begreifen, warum gerade Petrus, der sehr gefehlt, dann aber bitterlich geweint hatte, der Typus des Missionars werden konnte. Wenn Paulus sagt, er sei den Juden ein Jude, den Heiden ein Heide geworden (1 Korinther 9,20–22), dann bezieht er sich nicht auf seine Worte, sondern auf seinen Lebensstil, seine religiös-kulturelle Identität. Sie ist das eigentliche Werkzeug der Mission.

Wie haben wir uns das vorzustellen? Brückenköpfe und Anschlußstellen wurden bereits betont. »Sohn Gottes« etwa war ein für Menschen im Kulturraum des Hellenismus verständliches Prädikat, daher drängt dieser Titel andere wie Messias oder Sohn Davids erkennbar zurück.

Man kann auch zeigen, daß das Christentum Fuß fassen kann, wenn es die Kasualien erobert (Todesfälle: 1 Thessalonicher 4,13) oder die klassischen Schnittstellen von Alltagsleben und Religion (Sexualität: 1 Korinther 5–7; Mahlzeiten: 1 Korinther 8–11) besetzt, indem es dazu Wichtiges zu sagen hat.

Die moderne westliche Gesellschaft ist pluralistisch, das heißt: Eine Fülle von Werten und Lebensformen liegt in offener Konkurrenz gegeneinander.

Diese Situation ist für das Christentum nicht neu. Auch die kaiserzeitliche Gesellschaft zur Zeit seiner Entstehung war zumindest quasi-pluralistisch. Angesichts der neuheidnischen Esoterik-Welle, der Bedeutung der Astrologie, der durch die Straßen unserer Städte ziehenden Krishna-Anhänger, der steigenden Beliebtheit der Jugendweihe und konstant hoher Kirchenaustrittszahlen stellt sich allmählich eine Situation her, wie sie ähnlich bei der Entstehung des Christentums gegeben war. Zum Teil haben die alten Phänomene überlebt (Astrologie und Rationalismus als Religion). Auch die steigende Sexualisierung der Transzendenz (Muttergöttinnen) weist in diese Richtung.

Angesichts dessen kann Christentum nur bestehen, wenn es selbst der Pluralität Raum gibt, jedoch im Sinne eines geheilten Pluralismus. Darunter verstehe ich:

– Unter dem einen und einzigen Gott der Bibel kann es auf zweiter und dritter Ebene Pluralität (Vielfalt) geben. Das betrifft die Vielheit der Engel, der Heiligen, der »Riten« im Sinne autochthoner Weise, Gottesdienst zu feiern, der Gruppen innerhalb einer Gemeinde, der bestehenden religiösen Kulturen in der Kirche.

Schon Nicolaus Cusanus verfocht angesichts der Konfessionen seiner Zeit (Lateiner und Byzantiner) sowie der Religionen, die er kannte und denen er leicht ein paar christliche Grunddogmen vermitteln zu können hoffte, das Prinzip: *una religio in rituum diversitate* – Eine Religion in der Verschiedenheit der Gottesdienst- und Lebensformen, also der religiösen Kulturen.

– Diese Pluralität ist bereits in der Theologiegeschichte des 1. Jahrhunderts n. Chr. einmal verwirklicht worden, und zwar in Gestalt eines gemeinsamen Stammes (mit vielen wichtigen gemeinsamen Elementen) und einer erstaunlichen Vielfalt von theologischen Einzelentwürfen, jedoch nicht ohne schwere Abgrenzungskämpfe an den Rändern. Pluralität ist ein Lieblingsthema frühchristlicher Mission: Die Unterschiede bestehen, aber sie trennen nicht mehr. Das Belastende und Feindselige ist daraus verschwunden (Galater 3,28; Kolosser 3,2f; Apostelgeschichte 2). Uniformismus wird fortan nur noch Zeichen mangelnden Glaubens oder heidnischer Hoffnungslosigkeit sein.

– Diese Pluralität zeigte sich auch in den vielfältigen Formen von »Gottesdienst-Gemeinschaften« im Mittelalter. Der pfarrliche Gottesdienst war nicht die einzige Form, daneben gab es zum Beispiel Gilden und Bruderschaften, je mit ihren Altären, Kapellen und Geistlichen.

Das ist deshalb erwähnenswert, weil es auch in der Gegenwart erkennbare Bewegungen in Richtung auf kleinere Gottesdienst-Gemeinschaften gibt, die nicht deckungsgleich sind mit der klassischen Pfarrei.

– Wird die Pluralität wirklich ernst genommen, bedeutet sie eine große Freiheit, auf die jeweilige religiöse Kultur der Adressaten einzugehen oder sie nach genauem Studium der religionsgeschichtlichen Situation der Adressaten zu entwerfen und mit hervorzubringen. Ein Beispiel: In unserer Gesellschaft gibt es sehr unterschiedliche musikalische Kulturen mit gut erkennbaren Trennlinien. Angesichts der gar nicht zu überschätzenden Bedeutung von Musik für den Gottesdienst sollte man darauf eingehen.

– Das Fördern von Pluralität ist zu unterscheiden von einer Vermischung aller möglichen Dinge zu einem undurchsichtigen Brei. Im Sinne unserer Thesen zur historisch-religiösen Identität kann es nur darum gehen: Wenn eine solche Identität bejaht wird, dann ganz. Ich denke auch an die wichtige Funktion von Gottesdiensten in serbischer, kroatischer und syrischer Sprache bei uns.

– Der Gott der Bibel zerstört nicht gewordene Pluralität. Um so schärfer ist religiöser Pluralismus im Sinne des

Selbstbedienungsladens für passende Überzeugungen abzulehnen. Gerade als Anwälte einer recht verstandenen Pluralität haben Christen in einer pluralistischen Gesellschaft Sauerteigfunktion. – Das Christentum hat mit seinen großen Möglichkeiten, Pluralität zu bejahen, gute Chancen, im Konkurrenzkampf der Religionen glaubwürdig zu sein. Und umgekehrt wird der Pluralismus – und mit ihm neuer mythischer Polytheismus – erst dann gesucht, wenn in der eigenen Religion sowohl die Pluralität (Feste, Heilige, Geschichten) als auch die begrenzte Polymythie (Visionen, Engel, Wunder) abhanden gekommen sind.

– Daß Pluralität unter dem einen und einzigen Gott keine Bejahung von Kirchenspaltungen ist, muß ausdrücklich gesagt werden. Trennende Kirchenspaltungen sind ein großes Unglück. Trennung und gegenseitiger Ausschluß waren freilich schon im 1. Jahrhundert n. Chr. geläufig. Doch nichts zur Überwindung der Spaltung zu tun, ist kein Kavaliersdelikt.

Mission heute

Es ist wohl wie bei der Kindererziehung: Unbestechlich ist allein die Erfahrung aus dauerhaftem glaubwürdigem Beispiel. Erst in diesem Rahmen werden überhaupt Diskussionen über Inhalte geführt. Bei dem Überangebot von Themen durch Medien unterschiedlichster Art reagiert man nur noch auf bekannte Namen, gar nicht mehr auf die Sache. Damit sind wir dem antiken pädagogischen Prinzip der Evangelien und des Paulus nach 1 Korinther 9,20–22 wieder sehr nahe. Wenn die urchristliche Gastfreundschaft für die »Mission« wiederentdeckt wird (vgl. die Konkretion unten), hätte das auch zur Folge, daß es viele kleinere Gruppen gäbe. Der traditionelle Beruf des Pfarrers und der Pfarrerin diente vor allem der Koordination und der Vernetzung der Gruppen zu einer Einheit untereinander.

Daneben stehen oder damit verknüpft sein könnte das Prinzip der zentripetalen Mission.

Mit J. B. Metz bin ich der Meinung, daß eine Erneuerung der Orden und des klösterlichen Lebens eine zentrale missionarische Aufgabe haben könnte. Aus der Beobachtung, daß gerade strenge Gemeinschaften wie die Zisterzienser sich steigender Mitgliederzahlen erfreuen und in ihrem Umkreis eine extrem hohe werbende Anziehungskraft besitzen, sollten Konsequenzen gezogen werden. Es ist nötig, daß man an einigen Christen sehen kann, daß radikales Leben nach dem Evangelium wenigstens versucht wird.

Es war verständlich, daß die Reformation für eine Weile auf die »Möncherei« verzichten wollte. Es wäre ein nicht verzeihlicher Irrtum, auf diesem Verzicht dauerhaft zu bestehen.

Die Taufe – heilsnotwendig?

Im Neuen Testament betonen besonders Lukas und das Johannes-Evangelium, niemand, der nicht getauft sei, könne in das ewige Leben (in Gottes Reich) eingehen (Johannes 3,3.5; Apostelgeschichte 2,21.38.40.47; Markus 16,16). Diese Aussagen sind auf die Grundaussage zurückzuführen, das Heil sei an den Glauben und den Namen Jesu gebunden. Nach Römer 9,22 sind selbst Juden, die jetzt nicht an Jesus glauben, zum »Untergang« bestimmt. – Diese sehr engen Aussagen »beißen« sich mit den oben genannten Texten aus Matthäus 25 und Hebräer 11 über universalere Heilsmöglichkeiten in Verbindung mit Christus. Diese Unstimmigkeit ergibt sich aber nur, wenn man die Bibel dogmatisch-flächenhaft liest. Denn einerseits drängt eine missionarische Religion ganz selbstverständlich dazu, daß sich alle taufen lassen. Das ist die direkt appellative Ebene. Hier sind Missionare und ihre Adressaten angesprochen. Hier geht es um Verkündigen und Hören.

Andererseits muß man auch eine Lösung dafür finden, daß Mission nur einen Teil der Menschen erreicht und das auch oft recht zufällig und durch Mißverständnisse behindert. Hier geht es um das, was noch sein kann jenseits der Grenzen von Verkündigen und Hören, jenseits aller menschlich-begrenzten Möglichkeiten der Mission.

Das ist die Ebene der Reflexion über den universalen Charakter des Wirkens Jesu Christi.

Das frühe Christentum ist eine offensiv-missionarische Minderheit mit entsprechender Tendenz zur Betonung der Grenze nach außen. Abgrenzung und Mission sind zwei Seiten derselben Münze. Davon streng zu unterscheiden ist die defensive Situation der Volkskirche, in der nicht die Abgrenzung nach außen der Weg ist, christliche Identität zu finden, sondern die Frage nach dem Kern, der Substanz. Diese Frage ist ungleich schwieriger zu beantworten. Während also Identität im frühen Christentum durch Abgrenzung gewonnen wird, ist sie heute nur noch durch Konzentration zu gewinnen.

Kennzeichen der missionarischen Kirche war eine offensive Exklusivität (»kein Heil außerhalb der Kirche«), das Merkmal der Volkskirche ist die defensive Inklusivität, der Verzicht auf Mission und der Wunsch, auch Nichtchristen irgendwie dazugehören zu lassen. Die Gegensätze könnten kaum größer sein. Die jeder Religion eigene Tendenz zur Absolutheit steht dann hier gegenüber der erklärten Bereitschaft, alle Menschen guten Willens gelten zu lassen und zu akzeptieren.

In Wahrheit ist indes unsere Situation längst durch eine gewisse Gleichzeitigkeit ungleich weit fortgeschrittener und konträrer Entwicklungen bestimmt. Denn unter der Oberfläche der noch existierenden Volkskirche sind viele Christen schon wieder in der Situation einer Minderheit. Sofern die Kirchen das wahrnehmen, wäre die passende Antwort eine kirchen-immanente Pluralität (Präsenz in vielen Bereichen und an vielen Fronten, Überraschungsmomente). Gerade dann aber wird die Konzentration auf die Mitte, das Gewinnen »geistlicher« Identität notwendiger denn je.

Dem unbekannten Gott

Die Fragestellung

Nach Apostelgeschichte 17,23 fand Paulus in Athen einen Altar mit der Inschrift (das heißt: der Widmung) »Dem unbekannten Gott«. Unabhängig von der Frage, ob es solche Altäre tatsächlich gegeben hat, ist doch die Problematik, von der die Widmungsinschrift Zeugnis gibt, eine der Umwelt des Neuen Testaments. Sie spiegelt sich besonders in dem Phänomen der Sibyllen, deren jüdische Variante wir schon kennenlernten. Im kaiserzeitlichen Rom (und wohl auch schon im ganzen 1. Jahrhundert v. Chr.) herrschte die Auffassung, Unheil für den Staat habe seine Ursache immer in der mangelnden Verehrung von Göttern. Davon zeugten besonders die heidnischen sibyllinischen Bücher mit entsprechenden Orakeln. Die Fehler im Kult konnten sich nun freilich nicht nur auf Gottheiten beziehen, die man schon kannte, sie konnten viel eher darin bestehen, daß man wichtige Gottheiten überhaupt nicht verehrte und so ihren Zorn (besonders den über mangelnde Zuwendung seitens der Menschen) gar nicht beschwichtigen konnte. Auf diese Weise wurden die römischen sibyllinischen Bücher zur Schleuse, durch die viele orientalische Gottheiten in Rom eingeführt wurden. Die jüdischen sibyllinischen Bücher, die kluge Juden entwickelt hatten, versuchten darauf aufmerksam zu machen, daß vor allem der Gott der Bibel der sträflich übersehene Gott sei. Wenn man nicht alsbald zu ihm umkehre, blühten der Welt Zorn und schreckliches Gericht. Es trifft dann nicht nur Rom und dessen Staat, sondern die ganze Welt. Sowohl die lukanischen Heidenpredigten (Apostelgeschichte 10,42; 17,30f) als auch insbesondere die Offenbarung des Johannes schließen an diese Art Drohbotschaft an und mahnen zur Umkehr zu dem einen Gott. Die latente Angst vor der *politischen* Katastrophe hatte man über die Sibyllen mit der *religiösen* Problematik verknüpft, ob auch die richtigen Götter verehrt wurden. Das war die Stunde der Apokalyptik.

Die Frage ist: Was bedeutet die Inschrift von Apostelgeschichte 17,23 »Dem unbekannten Gott« für das Verhältnis zu den anderen Religionen? Kann man daraus auch Schlüsse ziehen, die eventuell grundsätzlich bedeutsam sind?

Dem Unbekannten einen Namen geben

Für den Menschen der Bibel und ihres Umkreises ist die *Existenz* von Göttern kein Problem, daher auch nicht die Existenz des biblischen Gottes. Mission bestand daher weniger darin, die Existenz eines neuen Gottes glaubhaft zu machen, als vielmehr darin, einen neuen Namen einzuführen, auf den hin und mit dem es die Adressaten aufs neue »versuchen« sollten. Bis dahin besteht »Unkenntnis«, ein Fachausdruck für den religiösen Zustand der Heiden ohne die Kenntnis des Gottes Israels. Daher redet das Neue Testament auch davon, daß es keinen anderen Namen gebe, in dem die Menschen selig werden könnten, als den Namen Jesu. Erst mit dem Bekenntnis zum Namen dieses Gottes wird jemand Christ. Die Apostelgeschichte schildert daher die jüdisch-christliche Auffassung zu dieser Zeit zutreffend: Der, den man vorher nicht kannte, von dem man nur ahnte, daß er zum Wohlergehen entscheidend fehlte, wird jetzt mit Namen bekannt gemacht.

Zeit des Suchens

Nach der Predigt des Paulus in Apostelgeschichte 17,27 hat Gott gemacht, *daß sie (die Menschen) ihn suchten, ob sie ihn vielleicht ertasten und finden könnten.* In diese Zeit der Suche gehört auch die »Verehrung des unbekannten Gottes in Unwissenheit«. Das heißt: Der Gott der Bibel gibt den Heiden das Suchen ein, zumindest die Ahnung, daß ihnen noch etwas Wichtiges fehlt. Insofern ist er wiederum nicht in anderen Religionen wirksam, sondern »von ihnen wegführend«.

Der »unbekannte Gott« heute

Das moderne Problem hat sich lediglich auf der sprachlichen Ebene um eine Stufe verschoben. Ging es für die antiken Menschen um den einen Gott (Israels) unter vielen Göttern, so geht es heute um Gott unter vielen Werten. In beiden Fällen kommt es darauf an, über der Ebene der Vielheit von Werten (Göttern) den einen entscheidenden Gott zu finden.

Daraus wird bereits deutlich: Der »unbekannte Gott« heißt heute nicht Gott, denn den gibt es in unserem Kulturkreis nur im Singular. Die Suche spielt sich unter verschiedensten Werten ab, die man zum Beispiel auf der drittletzten Seite des montags erscheinenden Jugendmagazins »jetzt« der »Süddeutschen Zeitung« listenweise lesen kann (»das Pfeifen vor dem Haus«, »Lockrufe«). Ältere Listen: »das Staunen«, »die Macht der Liebe«, »die Überraschung«, »Geborgenheit«. – Wichtig scheint mir zweierlei:

– Wenn man den »unbekannten Wert« mit dem Namen »Gott« (Jesu Christi, der Bibel) benennt, geschieht für den betreffenden Menschen in seinem Suchen Erhebliches. Zumindest heute ist die Benennung des »unbekannten Wertes« ein überaus wichtiger Akt der Identitätsfindung des Menschen geworden, in dem das Suchen des Menschen Form, Antwort und Gestalt findet.

– Den Platz für den »unbekannten Wert« sollte man nicht zu schnell mit Gott besetzen. Es ist, als habe der Verfasser der Apostelgeschichte Unheil geahnt, als er schrieb: *Gott ließ die Menschen ihn suchen, ob sie ihn vielleicht ertasten und finden könnten* (17,27). Denn das braucht eine Zeit der Reife, jede Ungeduld wäre fehl am Platz. Das müssen sich besonders »Amtskirchen« sagen lassen, die häufig zu ungeduldig zu sein scheinen. Aber nicht nur der moderne Mensch ist »verzögert« in der Gewinnung seiner (religiösen) Identität. Schon die klassischen jüdischen Bekehrungsgeschichten und -romane pflegen regelmäßig einen längeren Anweg zu schildern, der insbesondere bei Abraham geradezu Züge eines Entwicklungsromanes annimmt. Abraham durchläuft mehrere Stationen, probiert mehrere Götter aus, bis er zum Schöpfergott findet. Daraus wird deutlich: Bei dem unbekannten Höchstwert und der Suche danach geht es um eine anspruchsvolle Geschichte je eines Menschenherzens.

Mission als Übersetzung

Die moderne Übersetzungswissenschaft hat zunehmend den Blick von den Sprachen auf die Kulturen gelenkt. Immer stärker wurde so deutlich, daß Mission ein Übersetzungsvorgang von einer Kultur in eine andere ist, ein Vorgang, der auch davon lebt, daß Übersetzen ein dialogisches Tauschgeschehen sein kann.

Die Geschichte der christlichen Mission in der Neuzeit ist bestimmt von der Frage, wie weit man in der »Anpassung« an die Zielkultur gehen dürfe. Regelmäßig sieht man »Positionen« in Gefahr, die man zugunsten der Verständigung mit der Zielkultur meint opfern zu müssen. Die Grenze dieses – in der Regel sehr einseitig verstandenen – Prozesses der Annäherung sieht man regelmäßig dort erreicht, wo man meint, nun sei »die Sache« tangiert. Was als »die Sache« des Christentums anzusehen ist, das ist freilich je nach Standpunkt in einem Maße relativ, daß man sich hier kaum orientieren kann. Für Nicolaus Cusanus war es die Trinität nebst Taufe und Eucharistie, für den klassischen Protestantismus ist es (Trinität und) die Rechtfertigungslehre, für andere der Gesamtbestand der Dogmen, für wieder andere der Wortlaut der Bibel, was auch immer das sei. – Die Frage nach der Sache spielte schon in der Bultmannschule eine große Rolle, und hier wurde zumeist der existential verstandene Akt des Glaubens als die Sache des Christentums angesehen. Jedenfalls ist gerade unter den Vertretern dieser Schule das Vertrauen ungewöhnlich groß, »die Sache« genau zu kennen.

Kern und Schale

Hermeneutisch gesehen liegt immer dasselbe Verfahren zugrunde, nämlich die Trennung von Schale und Kern, von Textoberfläche und Sache »hinter« dem Text. Das Problem dabei ist, wie schon öfter bemerkt, daß niemand sagen kann, wo die Schmerzgrenze der Sache nun sicher erreicht sei. Abhängig ist das immer vom Maß der Abstraktion, das man sich meint leisten zu können, und vom Dogma, das man als Tiefenstruktur behauptet. Ungeklärt ist und bleibt bei diesem Weg und bei dieser Fragestellung: Wie weit darf man gehen, bis »die Sache« tangiert ist? Wo ist wirklich »Halt!« bei Anpassung oder Preisgabe von Positionen geboten? Mißlich ist vor allem, wenn man diese Grenze vor und unabhängig von dem einzelnen Übersetzungsvorgang festlegt.

Hier wird demgegenüber der Standpunkt vertreten: Eine solche Sache, die jemand festlegen könnte oder dürfte, gibt es gar nicht. Sie ist eine Fiktion, die jeweils angesichts faktischer Machtverhältnisse gebildet wird. Wer keine starke Position bei der Begegnung mit der fremden Kultur oder Religion zu haben meint oder hat, wird weit entgegenkommen wollen – und umgekehrt. Denn in der Tat: Begegnung von Kulturen ist auch eine Frage der Macht. Zwangsläufig hat daher das, was man als Sache erklärt, oft ideologischen Charakter.

Inhaltlich lautet der hier vertretene Standpunkt: Der missionarische Übersetzungsvorgang ist eine ständige Gratwanderung und ein stets neu zu schließender Kompromiß zwischen

– einem Höchstmaß an rhetorisch-emotionalem Appell an die Empfänger und

– einem Höchstmaß an Loyalität gegenüber dem Autor des biblischen Textes, was im übrigen auch die gebrauchte Gattung betrifft.

Zunächst zur Abgrenzung: Von einer von vornherein festgelegten Sache ist hier nicht die Rede. Ebenso scheidet eine dokumentarische Übersetzung aus – eine Übersetzung, die eine fremde Kommunikationssituation dokumentiert, nämlich die zur Zeit der Erstadressierung des Textes aktuelle, die also gar nicht an die Empfänger der neuen Zielkultur gerichtet ist.

Eine missionarische Übersetzung versucht demgegenüber, den Verfasser des »Textes« (oder: Zeichensystems) mit seinen neuen Adressaten kurzzuschließen. Als Beispiel sei Epheser 5,14 genannt. Eine dokumentarische Übersetzung wäre: »Steh auf, der du schläfst ...« Der Übersetzer kann sich aber darüber informieren, daß es sich der Gattung nach um ein sogenanntes Wecklied handelt, das oft scherzhaft verwendet wurde, und übersetzt: »Auf, Schlafmütze ...«

Der rhetorisch-emotionale Appell ist daher direkt auf den Empfänger bezogen. Er versucht, das Wirkungspotential eines Textes auszuschöpfen und womöglich noch zu erhöhen. Gerade in einer Mediengesellschaft könnte das für das Schicksal eines Textes entscheidend werden.

Loyalität

Loyalität bezieht sich nicht auf die Treue zum Wortlaut, sondern ist der Ausdruck einer »solidarischen« Verbundenheit mit dem Autor des Textes auch in einer fremden Kommunikationssituation. Der Übersetzer sorgt solange wie möglich als Anwalt des Autors dafür, daß dieser nicht »unter den Tisch fällt« und mit seinem eigenen Beitrag zu Wort kommt. Die persönliche Absicht, die er mit seinem Text verfolgte, ist deshalb wichtig, weil die Auffassung besteht, mit diesem Autor gehöre der Übersetzer zu derselben Kirche. »Loyalität« ist also eine personale Kategorie, die gebietet, den Autor als einen Mitchristen ernstzunehmen.

Und was die Empfänger der missionarischen Übersetzung betrifft: Das Ideal ist nicht die Reinerhaltung und Abschirmung einer Kultur – eine jede Kultur bedarf des Angestoßenwerdens durch Fremdes. Stets neu verursachte Verwandlung ist das Gegenbild zu Versteinerung. So wenig ihre Kultur bei der missionarischen Konfrontation ausgelöscht werden soll, so wenig ist sie durch Abschirmung zu erhalten. Nach vielen Jahrhunderten bedenkenloser Zerstörung von Kulturen durch Mission setzte seit der Romantik in Europa die gegenläufige Bewegung ein.

Mission als Dialog

Die missionarische Begegnung ist bis zu einem gewissen Grade eine dialogische und besteht in wechselseitigem Geben und Nehmen. Nicht selten ist das auch direkt nachweisbar, so zum Beispiel in Liturgien (afrikanische Elemente in der äthiopischen Liturgie) oder in der Ausrichtung der Frömmigkeit (Reliquienverehrung im germanischen Bereich). Um angemessen zu urteilen, sollte man bedenken, daß viele dieser Prozesse jahrhundertelang dauerten, so zum Beispiel der Beitrag der deutschen Sprache zum Gehalt des Neuen Testaments (»Mitleid«, »selig«).

Die Vielfalt der frühchristlichen Theologien ist ein hervorragendes Beispiel für die Art und die große Freiheit, mit der die Apostel und die übrigen frühchristlichen Schriftsteller auf unterschiedliche Kulturen (im Bereich des Hellenismus) eingegangen sind. Daß das Johannesevangelium an strikt judenchristliche Gruppen gerichtet ist, die sich gerade erst von der Synagoge trennen mußten, ist genauso auffällig und aufschlußreich wie die besondere Art, in der der Kolosserbrief auf kleinasiatische judenchristliche Vorstellungen reagieren mußte. Die Offenbarung des Johannes belebt fern von Palästina in besonderer Anlehnung an die Sibyllen und Ezechiel – wohl in Ephesus unter stark ägyptisch-judenchristlichem Einfluß – eine Art jüdischer Apokalyptik, die wir sonst nicht kennen. All dieses sind Dokumente der Kraft zu ungeheurer Vielfalt. Wenn man so will, sind auch die gnostischen Texte des 2. und 3. Jahrhunderts weitere Zeugnisse dieser Freiheit, die nun freilich – besonders mit ihrer Ablehnung des Gottes des Alten Testaments – deutlich über das Ziel hinausschießen. Aber noch in der Häresie ist die neue Botschaft von unglaublich reicher Verwandlungskraft.

»Für alle bin ich alles geworden«
Das missionarische Prinzip des Paulus

Paulus schreibt im 1. Brief an die Korinther: *Obwohl ich frei bin, habe ich mich doch von allen gelöst und mich selbst zum Sklaven gemacht, um alle zu gewinnen. Und ich wurde für die Juden ein Jude, um Juden zu gewinnen. Für die unter dem Gesetz wurde ich, obwohl ich nicht mehr unter dem Gesetz stand, einer unter dem Gesetz, um die unter dem Gesetz zu gewinnen. Für die ohne Gesetz wurde ich wie einer ohne Gesetz, obwohl ich nicht ohne Gesetz*

Gottes war, sondern zum Gesetz des Christus gehörte, um die ohne Gesetz zu gewinnen. Ich wurde für die Schwachen schwach, um die Schwachen zu gewinnen. Für alle bin ich alles geworden, um einige zu gewinnen. Das alles aber tue ich um des Evangeliums willen, um sein Genosse zu werden (9,19–23).

Das Wort »gewinnen« ist Fachausdruck der Missionssprache (vgl. 1 Petrus 3,1; Matthäus 18,15) und weist darauf hin, daß Paulus hier über seinen Beruf als Missionar spricht. Von den Gruppen, die er nennt, sind Juden und Heiden allgemein charakteristisch für die Adressaten paulinischer Mission; unter Juden hat Paulus wohl in seiner Zeit als Gemeindeapostel von Damaskus missioniert. »Schwache« hat er in Korinth vor sich, wohin er den Brief richtet. Der Ausdruck bezieht sich vermutlich auf Anhänger des ganzen Feldes ritueller Observanz, von der Astrologie bis hin zum Essen von Fleisch, das den Göttern geweiht war.

Paulus spricht vom Sklave-Werden, weil er sich den Regeln anderer unterwirft, und zwar zu unterschiedlichen Zeiten. Wer das tut, wer nicht dem eigenen Willen folgt, ist ein Sklave (von Petrus wird das in Johannes 21,18 gesagt). Paulus reicht hier in seinem Selbstverständnis sehr nahe an die Christologie heran. Denn nach Philipper 2,7 nahm Jesus, obwohl Gott gleich, die Gestalt des Sklaven an. So starb er auch den Sklaventod am Kreuz (Philipper 2,8). So weit reicht die Übereinstimmung. Man kann nun sagen: Auch Jesus ist Sklave geworden, um unter den Menschen zu erscheinen und als einer aus ihrer Mitte ihr Kyrios zu werden. Dann hätte auch Jesu Sklavenstand eine missionarische Funktion. Auch in Galater 4,4, wo Paulus von Jesus sagt, er sei »unter dem Gesetz« (vgl. die Formulierung oben in 1 Korinther 9) gewesen (obwohl Sohn), ist auf seinen Sklavenstand deutlich angespielt. An dieser Stelle dient das Sklavesein Jesu dem heilvollen Zweck: Er sollte alle, die unter dem Gesetz waren, loskaufen.

Fazit: In den Aussagen über Jesus wie über den Apostel

stoßen wir auf eine besondere Bedeutung des *freiwilligen Sklaveseins* im frühen Christentum. Wenn jemand (Jesus, Paulus) freiwillig Sklave ist, dann hat das immer eine besondere, und zwar sehr heilvolle Bedeutung für diejenigen, denen so gedient wird. Sklavesein erscheint hier als extreme, radikale Form der Dienstleistung zu äußerstem Erfolg, nämlich zur Rettung schlechthin.

Allerdings ist es im antiken Umfeld des Paulus auch gerade Privileg eines Gottes, verschiedene Bedingungen (Seinsformen, Status) annehmen zu können, zum Beispiel in unterschiedlicher Gestalt zu erscheinen. Es ist also nicht nur Zeichen der Niedrigkeit, sondern auch möglicherweise des Gegenteils, wenn jemand unterschiedliche Bedingungen auf sich nehmen kann.

Vor allem aber ist das, was Paulus praktiziert, in besonderer Weise Ausdruck (nicht nur) antiker Pädagogik: Ein Lehrer kann das nicht vermitteln, was er nicht selbst vorlebt. Er ist, um es mit Meister Eckhart zu sagen, nicht Lesemeister, sondern Lebemeister. Was er nicht glaubwürdig zeigen kann, bleibt leeres Gerede.

Man bedenke, was die Aussage des Paulus hier praktisch bedeutet: Mit Juden lebt Paulus nach dem Gesetz zusammen; nichts unterscheidet ihn dann im Gesetzesgehorsam. Von Gesetzesfreiheit ist dann nicht die Rede. Und mit Abergläubischen hält sich Paulus an die tausend Regeln und Gebote, die aus Furcht vor Unheil den Alltag eingrenzen. Mit aufgeklärten Heiden lebt Paulus dagegen so, als gäbe es das alles gar nicht. Hier gilt nur das Gesetz des Christus, die Liebe. Zur Begründung seines Verhaltens gibt Paulus in 9,23 das Evangelium an, »um sein Genosse zu werden« (mit ihm Gemeinschaft zu haben). Das heißt: Das Evangelium läßt alle Unterschiede zwischen den Menschen gegenstandslos werden. Sie bleiben bestehen, aber sie sind nichts Ernstes mehr, nicht mehr als eine Krawatte, die je nach Publikum eine andere Farbe und Form hat. Und welcher Lebemeister wird nicht, sagt Paulus, um mit seinen Adressaten eins zu sein, ihnen diesen Gefallen tun? Doch eigentlich, sagt Paulus, geschieht alles nur, um mit einem einzigen Gemeinschaft zu haben, mit dem Evangelium. Denn das Evangelium ist für alle: für Juden, Heiden und Schwache. Alle die »angenommenen« Existenzweisen und -formen haben nur den einen Sinn: dem Evangelium in seiner Universalität möglichst ähnlich zu sein.

Wenn man zu dieser Stelle bemerkt hat: »Paulus hat nicht die Botschaft, sondern sich angepaßt«, dann ist das nur die halbe Wahrheit. Denn das pädagogische Prinzip, dem Paulus folgt, läßt eben keine Kluft zwischen Verkündiger und Botschaft zu. Und das rührt daher, daß Paulus die Botschaft in eigener Person darstellen muß. Am Ende und in Wirklichkeit hat er nichts anderes zu präsentieren als sich selbst in seiner Eigenschaft als Apostel. Ähnlich wie in 2 Korinther 2 und 4 stellt der Apostel wirklich Christus dar, auch in seinem Leiden, hin und wieder auch, indem er aus Todesgefahr errettet wird (2 Korinther 1,8–9). Das Evangelium als Botschaft wird in, mit und unter der Biographie des Paulus geschrieben. Er steht vor den Menschen als lebendige Inszenierung des Evangeliums, als »Theater«, wie er schon in 1 Korinther 4,9 bemerkt.

Diese Beobachtungen führen uns zu dem Leitgedanken der »personhaften Wahrheit« zurück. Von Anfang an gilt im Christentum, daß die neue Offenbarung nicht als Buch, sondern als Person besteht. Und das heißt: als Mensch in der Gemeinschaft mit anderen. Der Epheserbrief hat daher gar nicht so unrecht, wenn er sagt, das Geheimnis der Kirche sei der Inbegriff dessen, was Gott den Menschen mitteilen wollte (Epheser 3,6).

Angewandt auf die Fragestellung dieses Buches bedeutet das: Der Absolutheitsanspruch wird unmeßbar. Denn im Miteinander von Menschen – hier: in der messianischen Gemeinschaft der Christen mit dem Messias – ist das »Glück« nicht meßbar und vergleichbar mit anderen Gemeinschaften. Gemeinsam dem Tod trotzen, wenn das Leben ist, dann ist »Leben« der Maßstab für den »Wert« des Christentums. Aber es gibt Religionen, die diesen Höchstwert gar nicht wollen. Wie sollte man sie da sinnvoll vergleichen können?

Konkretion: Menschenfischer
Meditation zu Lukas 5,10b

Jesus sprach zu Simon: Fürchte dich nicht! Von nun an wirst du Menschen fangen.

Vielleicht möchten Sie hören: Kirchen sollen toleranter sein. Ich möchte Ihnen sagen: Sie sollen mehr Profil zeigen. Toleranz ist der übliche Religionsersatz geworden.

Vielleicht möchten Sie hören: Kirchen sollen Frieden schließen mit allen Göttern und besonders Göttinnen anderer Religionen.

Ich möchte Ihnen aber sagen: Die anderen Götter gibt es zwar – das bestreitet die Bibel nicht –, aber der Gott der Bibel ist eifersüchtig. Er ist keine Frau und hat keine Frau. Ich sage auch nicht, daß er ein Mann ist. Er will, daß wir ihn allein anbeten, egal, was andere tun.

Vielleicht möchten Sie hören: Mit der Kirche der Zukunft soll man beginnen, indem man munter Abendmahlsgemeinschaft vollzieht mit den Katholiken, als wären die Kirchen schon eins.

Ich möchte Ihnen aber sagen: Wunden werden nicht dadurch geheilt, daß man sie zudeckt. Sie können nicht von den Katholiken verlangen, ihr Amtsverständnis aufzugeben. Sie geben das Ihre ja auch nicht auf.

Vielleicht möchten Sie hören: Der Fisch fängt am Kopf an zu stinken. Papst, Bischöfe, evangelische und katholische, die meisten Pfarrer sind autoritär, verkrustet, unmodern, moralisch an der falschen Stelle.

Ich möchte Ihnen aber sagen: Weg mit dem Schielen nach

oben! Das ist nicht demokratisch. Demokratisch ist, daß jeder vor seiner eigenen Türe kehrt. Jeder und jede ist Menschenfischer.

Vielleicht möchten Sie hören: Die Kirche soll aufhören zu missionieren.

Ich möchte Ihnen aber sagen: Wenn wir Christen, wenn die Kirche nicht ein bißchen mutiger wird, dann missionieren andere, und zwar mit großem Erfolg. Gewiß, Mission ist eine Sache des Stils, der Phantasie zu allererst, aber auch der sanften Konsequenz.

Vielleicht möchten Sie hören: Die Kirche soll aufhören, andere zu verketzern.

Ich möchte Ihnen aber sagen: Ich habe kein Verständnis dafür, daß beides gut evangelisch sein soll: an der Auferstehung festhalten und die Auferstehung bestreiten. Wie hätten Sie es denn gern?

Vielleicht möchten Sie hören: Die Riten und das fromme Getue mißfallen uns, es gibt zuviel Altmodisches in der Kirche wie Beten und Wunderglaube.

Ich möchte Ihnen aber sagen: Es gibt Dinge, die sind so altmodisch, daß sie schon wieder modern sind. Kirche könnte Gestalt gewinnen in der Begegnung mit dem Unsichtbaren, eine Form gewinnen als Erlösung aus der Formlosigkeit als Gemeinde der Betenden und Singenden. Der Christ der Zukunft wird Beter und Singender sein, oder er wird gar nicht sein.

Vielleicht möchten Sie hören: Aber die Kirche hat doch so viel verbrochen!

Ich möchte Ihnen aber sagen: Wo fast alle Menschen Christen sind, da ist die Kirche immer so gut wie die Menschen auch. Und warum sind die Menschen nicht besser? Weil sie genauso sind wie wir, wie jeder von uns selbst, der sich immer wieder immun macht gegen die herzzerreißende Botschaft Jesu.

Vielleicht möchten Sie hören: Die Kirche sollte ihre Sexualmoral aufgeben.

Ich möchte Ihnen aber sagen: Trotz starker und unheilvoller Verquickung mit kleinbürgerlicher Tyrannei ist die Kirche das letzte Bollwerk gegen schrankenlose Abtreibung, so wie sie es gegen Euthanasie war.

Vielleicht möchten Sie hören: Wir sind doch alle friedlich und im großen und ganzen eins. Was bringen Sie Unfrieden durch Ihre steilen Thesen?

Ich möchte Ihnen aber sagen: Nicht aufzufallen, das lehren uns vor allem die Medien, das große allmächtige Fernsehen. Die profillose Konsensgesellschaft erstickt das Christentum unter dem muffigen Mantel des allgemeinen Friedens. Jesus hat gesagt: Ihr seid das Salz der Erde. Eben weil nicht alles in Ordnung ist.

Vielleicht werden Sie sagen: Da steht und predigt ein Fundamentalist.

Aber Fundamentalismus ist immer nur ein Instrument, um Menschen zu tyrannisieren, er übersieht die Menschen und das Kleingedruckte und macht nur große Sprüche.

Petrus wird zum Menschenfischer bestellt. Es ist, wie wenn Jesus sagt: Um deine Sünden kümmere dich nicht weiter. Ich brauche dich als jemand, der wirbt für ein Reich der Gerechtigkeit, der Liebe und des Friedens. Für einen König, der mit Dornen gekrönt ist, der aber unser Herz brennen läßt, wenn er neben uns geht.

Die universale Verheißung

Angesichts der Vielzahl miteinander konkurrierender Religionen fragen viele: Was wird aus der universalen Verheißung des Christentums? Mission ist offenbar ganz durch »Toleranz« und »Dialog« ersetzt. Wie steht es um die weltumspannenden Zusagen Gottes? Sind seine Wege wunderbar, oder hat er sich längst von allem zurückgezogen? Nach Römer 11,32 führt der Weg zu diesem Ziel über den Ungehorsam aller und mündet in Gottes Erbarmen. Die

Verwandlung unserer Bosheit ist das eigentliche Geheimnis des Glaubens. Ganz allein Gottes geheimnisvoller Macht ist es vergönnt, diese Umwandlung zu vollziehen. Dieser Austausch von Verbrechen gegen Gnade ist das äußerste Geheimnis des Christentums..

Im Blick auf Römer 11,32 ist mir wichtig: Die Zeiten des Unglaubens und Ungehorsams sind nicht Wege ohne Gott. Er führt durch die Zeit der Verweigerung hindurch, Verweigerung geht jeweils nur seinem Erbarmen voraus. Gott führt auch, wenn Menschen sich gerade abwenden. Quer zu ihrem Willen bestimmt der seine.

Das theologische Thema des Textes Römer 11,32 ist, ob und wie in der Geschichte Gottes Heilszuwendung universal sein und alle erreichen wird. Das ist nicht nur angesichts des Judentums ein Thema, sondern auch angesichts anderer Religionen. Was bedeutet es, daß Gott sich am Ende aller erbarmen wird? Er wird das Ziel sein. – Paulus macht hier Aussagen über das Letzte, wo wir doch – darin anders als er – gerne Aussagen über das Vorletzte hören würden.

Wie handelt Gott in der Geschichte? *Ein* Anweg zu dieser Frage ist das, was Paulus in Römer 11,33–36 selbst praktiziert: Geschichte wird dadurch und insofern als Handeln Gottes erfahren, als der Mensch mitten darin über dieses Thema mit Gott spricht und alles, was auch immer geschieht, zum Anlaß für Lobpreis oder Klage nimmt. Gott die Ehre zu geben ist eine Antwort auf die Sinnfrage. Sie steht für sich selbst, ohne eine logische Antwort sein zu müssen.

Was ist der Vorteil davon, daß wir mit Paulus sagen, eben dieses Geheimnis sei Gott? Der Vorteil ist: Diesen Gott, den Gott Abrahams, Isaaks und Jakobs, kennen wir schon ein wenig. Also kein ganz dunkles Geheimnis, und Paulus sagt es: Auch wenn dieser Gott geheimnisvoll ist und wir lange weit entfernt von ihm sind, wir wissen, daß er sich am Ende unser erbarmt. Das Geheimnis wird am Ende nicht gegen uns, sondern für uns sein.

9. TEIL
Lessings Ringparabel und die Folgen

Zumeist wird G. E. Lessing als rationalistischer Aufklärer betrachtet, so daß man ihn der Religion des Rationalismus zuweisen müßte. Unbestreitbar hat seine berühmte Ringparabel in diesem Sinne gewirkt. Es gibt kaum ein Gespräch über das Thema Toleranz und Verhältnis der Religionen, in dem nicht Lessings Parabel als Argument für die rationalistische Religionstheorie neueren oder älteren Datums genannt wird. Daher lohnt ein genaueres Hinsehen.

Die drei Ringe

In seinem Drama »Nathan der Weise« (3. Aufzug, 7. Auftritt) läßt G. E. Lessing den Juden Nathan folgendes Gleichnis erzählen:

Vor grauen Zeiten lebt´ ein Mann im Osten,
Der einen Ring von unschätzbarem Wert
Aus lieber Hand besaß. Der Stein war ein
Opal, der hundert schöne Farben spielte,
Und hatte die geheime Kraft, vor Gott
Und Menschen angenehm zu machen, wer
In dieser Zuversicht ihn trug. Was Wunder,
Daß ihn der Mann im Osten darum nie
Vom Finger ließ; und die Verfügung traf,
Auf ewig ihn bei seinem Hause zu
Erhalten? Nämlich so. Er ließ den Ring
Von seinen Söhnen dem geliebtesten:
Und setzte fest, daß dieser wiederum
Den Ring von seinen Söhnen dem vermache,

Der ihm der liebste sei; und stets der liebste,
Ohn´ Ansehn der Geburt, in Kraft allein
Des Rings, das Haupt, der Fürst des Hauses werde. –
…
So kam nun dieser Ring, von Sohn zu Sohn,
An einen Vater endlich von drei Söhnen;
Die alle drei ihm gleich gehorsam waren,
Die alle drei er folglich gleich zu lieben
Sich nicht entbrechen konnte. Nur von Zeit
Zu Zeit schien ihm bald der, bald dieser, bald
Der dritte, – so wie jeder sich mit ihm
Allein befand, und sein ergießend Herz
Die andern zwei nicht teilten, – würdiger
Des Ringes, den er denn auch einem jeden
Die fromme Schwachheit hatte, zu versprechen.
Das ging nun so, so lang es ging. – Allein
Es kam zum Sterben, und der gute Vater
Kömmt in Verlegenheit. Es schmerzt ihn, zwei
Von seinen Söhnen, die sich auf sein Wort
Verlassen, so zu kränken. – Was zu tun? –
Er sendet in geheim zu einem Künstler,
Bei dem er, nach dem Muster seines Ringes,
Drei andere bestellt, und weder Kosten
Noch Mühe sparen heißt, sie jenem gleich,
Vollkommen gleich zu machen. Das gelingt
Dem Künstler. Da er ihm die Ringe bringt,
Kann selbst der Vater seinen Musterring
Nicht unterscheiden. Froh und freudig ruft
Er seine Söhne, jeden insbesondre,
Gibt jedem ins besondre seinen Segen, –
Und seinen Ring, – und stirbt. –
…
Kaum war der Vater tot, so kömmt ein jeder
Mit seinem Ring, und jeder will der Fürst
Des Hauses sein. Man untersucht, man zankt,
Man klagt. Umsonst; der rechte Ring war nicht
Erweislich; –
Fast so unerweislich, als

Uns itzt – der rechte Glaube.
…

Denn gründen alle sich nicht auf Geschichte?
Geschrieben oder überliefert! – Und
Geschichte muß doch wohl allein auf Treu
Und Glauben angenommen werden? – Nicht? –
Nun wessen Treu und Glauben zieht man denn
Am wenigsten in Zweifel? Doch der Seinen?
…

(Ein Richter wird konsultiert):
Doch halt! Ich höre ja, der rechte Ring
Besitzt die Wunderkraft beliebt zu machen;
Vor Gott und Menschen angenehm. Das muß
Entscheiden! Denn die falschen Ringe werden
Doch das nicht können!
…

Es eifre jeder seiner unbestochnen
Von Vorurteilen freien Liebe nach!
Es strebe von euch jeder um die Wette,
Die Kraft des Steins in seinem Ring an Tag
Zu legen! Komme dieser Kraft mit Sanftmut,
Mit herzlicher Verträglichkeit, mit Wohltun,
Mit innigster Ergebenheit in Gott,
Zu Hilf! Und wenn sich dann der Steine Kräfte
Bei euren Kindes-Kindeskindern äußern:
So lad´ ich über tausend tausend Jahre
Sie wiederum vor diesen Stuhl. Da wird
Ein weisrer Mann auf diesem Stuhle sitzen,
Als ich; und sprechen. Geht! – So sagte der
Bescheidne Richter.

Lessings Parabel zeigt ein hohes Maß an Vielschichtigkeit.
Nach meinem Urteil geht es Lessing um folgendes:
Die Alternative ist die von wahrer oder falscher Religion.
Die drei diskutierten Religionen (Judentum, Christentum,
Islam) sind aber in diesem Sinne nicht zu unterscheiden.
Nichts erlaubt eine Abwertung, keiner hat ein besonderes

Recht in seiner Wahrheit. Die objektive Wahrheit ist nicht nur fraglich, sie ist auch, wenn man sie im direkten Religionsvergleich erkennen wollte, unerreichbar. Das heißt: Ein Religionsvergleich führt zu keiner apologetisch darstellbaren Lösung.

Logisch gesehen könnte nur eine der drei richtig sein. Das ist das Problem. Es ist sehr gravierend. Denn ausgerechnet hier, wo es doch nun wirklich auf Wahrheit ankäme, kann sie nicht erwiesen werden. Das aber ist fatal: Bei der Frage nach der tiefsten und eigentlichen Wahrheit scheitert der elementare Grundsatz, daß die Wahrheit nur eine sein kann. Die Vernunft kapituliert vor ihrer äußersten und ältesten Herausforderung, sie kann nicht unterscheiden.

Lessing zieht daraus die Konsequenz: Wo die Vernunft mit ihrer Forderung nach Eindeutigkeit offenbar machtlos ist, muß es andere Kriterien geben: Sanftmut, Verträglichkeit, Wohltun, Ergebenheit in Gott – oder kurz: Liebe. Der Erweis der Legitimität solcher Art ist erst in eschatologischer Zukunft möglich.

Ergebenheit und Liebe, im folgenden kurz »Hingabe« genannt, sind von allen drei Religionen in gleichem Maße gefordert, ohne Vorbehalte, ohne Grenze – aber eben auch ohne erweisbare Legitimität. Jeder muß vielmehr so handeln, *als sei* seine Religion die wahre. Da die objektive Wahrheit nicht erreichbar ist, kann doch die subjektive Hingabe zu einem Echtheitskriterium ganz anderer Art werden.

Wenn man dagegen die Vernunft aufbietet, entsteht höchstens ein Bild wie in einem dreifach belichteten Film. Die Vernunft ist hier nicht das angemessene Mittel zu sortieren. Nur bei der Hingabe ist die Lage eindeutig – aber begrenzt und ohne die Gewißheit, auf dem rechten Weg zu sein.

Wir unterscheiden daher in der Sicht Lessings die Dimension der Vernunft, die der Hingabe und schließlich auch die des Adressaten, der nun als durch die Parabel Belehrter Bescheid weiß.

Zur *Kritik* an Lessing ist *erstens* folgendes anzumerken: Am schlechtesten trifft es den durch die Parabel Belehrten. Er ist eben nicht der »naive« Jude, Christ oder Moslem, sondern derjenige, der einfach nur Hingabe üben soll, gehorsam sein soll, in der durch nichts zu beseitigenden Ungewißheit, die daraus rührt, daß von seinem Gehorsam die Legitimität seiner Religion abhängt. Das ist zwar edel, aber trostlos. Wie soll er sich selbst am eigenen Schopf aus dem Sumpf ziehen? Das Ganze ist doch viel zu mühsam, als daß ihm zuzumuten wäre, nur um recht zu haben, sein Leben in Hingabe zu verbringen. Die Evidenz eines hedonistischen Egoismus (»Ich tue und glaube, was mir Spaß macht«) ist so unvergleichlich viel stärker, daß kein von Lessing Belehrter sich auf Dauer dieser wahrhaft preußischen Disziplin unterwerfen kann.

Wichtiger ist *zweitens*, daß man fragen kann: Ist die Wahrheitsfrage bei Lessing nicht viel zu doktrinär aufgefaßt? Lessing scheint sich selber zu wundern, daß die drei Religionen auf die von ihm gestellte Wahrheitsfrage keine Antwort geben. Daß sie ihm so, wie er fragt (wahre oder falsche Religion), die Antwort verweigern, ist richtig – in der Tat kann man nicht oder nicht mehr mit apologetischen Mitteln die Wahrheit des Christentums oder die Falschheit des Islam erweisen. Das versuchte einst 1698 der italienische Pater Ludovico Marraci mit seiner zweibändigen Koranausgabe »Alcorani textus universus«, in der er jeden einzelnen Abschnitt des Koran »widerlegte«. – Zu klären ist nur, ob die Frage im Sinne aristotelischer Wahrheit nicht an der Bibel vorbei gestellt ist. Die Bibel hat, wie wir zu zeigen versuchten, ein anderes Verständnis von Wahrheit, eines, das nicht per Vernunft und Experiment zu widerlegen oder zu bestätigen ist. Und anders, als Lessing dachte, ist es in der Konsequenz auch weder moralisch noch irrational noch rein eschatologisch zu beantworten.

Lessing versucht den Ausweg der Moral. Ja, sagt er, die wahre Religion müßte sich am Verhalten zeigen. Dieses Kriterium kennt die Bibel nicht, in der nirgends behauptet wird, die Christen seien die besten Menschen. Es wird auch nicht in diesem ungeschützt moralisierenden Sinne Wohlverhalten verlangt.

Lessing weicht de facto aus auf das Irrationale: Vor der Vernunft scheitert die Wahrheitsfrage. Also bleibt nur, ohne Grund und ohne Anlaß voller Hingabe zu lieben. Warum eigentlich?

Lessing weicht schließlich aus auf das Eschatologische: Dereinst, in tausendmal tausend Jahren, werde sich dann wohl zeigen, wer die wahre Religion habe. Der eschatologische Erweis verlagert *jede* Evidenz in die Zukunft. Dabei wird übersehen, daß auch dies biblischer Ansicht von Wahrheit nicht entspricht. Denn biblische Eschatologie ist immer fururisch *und* präsentisch: Was dereinst wahr sein wird, erweist seine Evidenz schon jetzt. – Ein Christentum als blinder Gehorsam ist der Bibel fremd.

Nun sind die Auskünfte und alle drei Auswege Lessings in der Gegenwart nicht unbekannt. Das Scheitern der Vernunft vor der Wahrheitsfrage ist Allgemeingut geworden, und zwar heute in Gestalt eines allgemeinen Indifferentismus (»Wir wissen doch alle nicht, wer recht hat [und – ehrlich gesagt – es interessiert mich auch nicht]«). Das wollte Lessing gewiß nicht, es ist aber die Folge einer absoluten Eschatologie. – Der moralische Ausweg wird allenthalben beschritten. Vor allem hält man durch ungezogenes Verhalten der Christen das Christentum für widerlegt (vgl. unten). Daß man ohne Grund nur einfach lieben und ohne Anlaß nur einfach hoffen solle, wird uns von aufgeklärt protestantischen Positionen zugemutet, die eine Verbindung des Christentums mit dem Tod Jesu, seiner Auferstehung und der Sendung des Heiligen Geistes für recht fragwürdig halten und diese jedenfalls nicht für erfahrbar gewesene Ereignisse.

Fazit: In der Aufnahme der Parabel Lessings hat man aus

der Ununterscheidbarkeit der drei Religionen Indifferenz werden lassen, aus dem Verzicht auf objektiv Erweisbares hat man die Religion ins Private, Subjektive und Irrationale abgedrängt. Gewiß wollte Lessing alles dieses nicht. Er ist gegen seine Rezipienten in gewisser Hinsicht in Schutz zu nehmen.

Und nochmals: Die Auskunft Lessings, daß die biblische Religion (inklusive der jeweiligen Ausprägungen) nicht als »wahr« im Sinne des Aristoteles zu erweisen sei, ist richtig. Mit dem Verstand ist so etwas wie objektive Wahrheit in den drei Religionen nicht auszumachen. Lessing hat richtig erkannt, daß seine Frage ohne Antwort bleibt. Aber sie war falsch gestellt. Anders als alte und neue Apologeten erahnen lassen, geht es in der Bibel nicht um das Recht einer Doktrin. In seiner Frage nach Wahrheit ist nichts zu entscheiden. Lessing argumentiert – das ist ihm vorzuwerfen – von einem defekten Verständnis von Christentum her und ist so auch nicht in der Lage, Judentum und Islam zu verstehen. Ich versuche daher, zunächst mit Lessing als einem Christen zu diskutieren (wie es seine Zeitgenossen auch nicht anders konnten).

Gegen Lessings aristotelisch geprägtes Verständnis von Wahrheit, das, wie gesagt, an den drei Religionen scheitert, ist festzuhalten:

Wahrheit im Sinne der Bibel ist eine Art von Gemeinschaft (Konvivenz), die ihren Sinn in sich selbst hat und die auch der letzte Sinn ist. Das hat zwei Ausprägungen:

Die Hoffnung der Christen ist nicht ohne Grund. Im Neuen Testament werden Karfreitag, Ostern und Pfingsten als Heilsereignisse erfahren, die Jesus zum wahrnehmbaren Prototyp des Erlösten werden lassen. Juden wie Christen wissen sich als von Gott zuerst und bereits in der vergangenen Geschichte Geliebte. – Aus diesen hier genannten Gründen ist eine Position »als ob es wahr wäre« für den im Sinne Lessings Belehrten nicht vorstellbar. Denn nach dem Selbstverständnis der drei Religionen geht es nicht um Doktrin, sondern um Gottes Liebe und Barmherzigkeit, die erfahren wurden. Ich kann, wenn ich so reichlich geliebt werde, nicht so tun, als ob es wahr wäre. So ist nicht nur Lessings Verständnis von Wahrheit unbiblisch, es ist auch sein Begriff von Liebe fragwürdig. Weder beim Vater noch bei den Söhnen in der Parabel ist hier etwas zu gewinnen, das der Liebe wirklich Konturen des Personalen und der einer Religion allein angemessenen Radikalität gäbe.

Schließlich besteht auch christliche Hoffnung nicht darin, daß man Recht haben oder bekommen möchte, sondern sie besteht in der Befreiung des Kosmos aus der Sklaverei des Todes. Sie ist Antwort auf die Frage: Was hält? Was befreit? Was bringt mich über den Tod?

Die blinde *Hingabe ohne Grund* ist nicht das einzige, das bleibt. Denn es gibt nicht nur die Forderung reinen Gehorsams, von der Lessing erfüllt ist. Es gibt außer der aristotelischen Logik andere Arten von Logik, die der Bibel wesentlich näher stehen:

- die Logik des Herzens, von der B. Pascal redet und die, wenn ich es recht beurteile, Max Scheler in seiner Konzeption des *ordo amoris* phänomenologisch entfaltet und begründet hat. Liebe ist weder rational noch nur irrational, sondern auf eigene Weise vernünftig und »wählerisch« in sich selbst.

- Es gibt die Gelassenheit gegenüber der Vernunft und den Frieden mit ihr. Jede der drei Religionen kann auf diese Weise Blindheit der Hingabe vermeiden. Naivität wie Fanatismus sind so zu umgehen. Gelassenheit gegenüber der Vernunft bedeutet nun überhaupt nicht, daß die Religion selbst vernünftig sei oder sein könne.

- Es gibt die Theologiefähigkeit einer Religion, die eben nicht Apologetik bedeutet, sondern behutsamen phänomenologischen Aufweis nebst Fähigkeit zur Reflexion.

- Es gibt Pluralitätsfähigkeit von Religionen (dazu unten).

Fazit: Religion ist weder am besten Indifferenz gegenüber der Wahrheitsfrage noch ein »Abgrund von Hingabe« noch eine Hoffnung ohne Anlaß. *Denn die Alternative zur Wahrheit im Sinne des Aristoteles ist nicht Irrationalismus.* Diese Alternative ist – positiv gesehen – abhängig vom Verhältnis einer Religion zur Dimension Kultur (Sprache, Zeichen etc.).

Christliche Wahrheit – widerlegbar?

Wohl ganz im Sinne Lessings betrachtet man das Christentum heute fast generell als durch christliches Handeln widerlegbar und längst widerlegt. So liest man aus der Hand des bekannten moralistischen Christentum-Kritikers K. Deschner zum Thema Tierschutz: »›Grausamkeit gegen Tiere‹, notiert Alexander von Humboldt, ›kann weder bei wahrer Bildung noch wahrer Gelehrsamkeit bestehen.‹ Aber bei wahrer Religion ... Denn wie Hitlers Tötung der Juden die terrible Konsequenz ihrer fast zweitausendjährigen blutrünstigen Verfolgung durch die Kirchen ist, so ist die jeder Beschreibung spottende moderne Vermarktung des Tieres nichts als die technisch forcierte und perfektionierte Fortsetzung eines nie abreißenden christlichen Massenmordes durch alle christlichen Zeiten ...« (Das schwärzeste aller Verbrechen, in: Die Zeit Nr. 35, 22. 8. 1997, S. 40).
Wem jeder Vorwurf recht ist, dem Christentum eins auszuwischen, der bemüht sich, jede Grausamkeit, jede Entgleisung tief im System zu verankern. Daher das Bemühen, die Gemeinheiten der Christen möglichst durch die Bibel selbst empfohlen sein zu lassen. So wird die moderne Massentierhaltung direkt auf 1 Mose 1,28 zurückgeführt: *Herrscht über des Meeres Fische, die Vögel des Himmels und über alles Getier ...* (Wenn ich meinen Hund erziehe, dann gewiß nicht mit dem Ziel, ihn zu schlachten und zu fressen.)

197

Aber wenn christliche Wahrheit Antwort ist auf die Fragen: Was hält? Was befreit? Was bringt mich über den Tod? – ist sie dann nicht durch das Töten der Christen, oft verübt im Namen dieser Religion (!), längst widerlegt?

– Richtig ist: Die Jesusbewegung ist angetreten, die frommen und gerechten Pharisäer zu überbieten (Matthäus 5,21). Geworden ist daraus die gottloseste und bösartigste Religion aller Zeiten. – Aber es gibt Vergebung der Sünden.

– Richtig ist: Besonders derjenige, der die Bibel als Zitatensammlung der Kirche entreißt, kann mit keinem Mittel daran gehindert werden, die Bibel ideologisch zu mißbrauchen. Das ist immer wieder geschehen. Offenbar eignet sich christliches Gedankengut besonders gut zum Mißbrauch, gerade weil es anspruchsvoll ist. – Aber es gibt kritische Exegese, deren Ziel es jedenfalls ist, Ideologien (auch und gerade kirchliche) zu enttarnen.

– Richtig ist, daß das Neue Testament von Vollkommenheit (des Menschen!) zu sprechen wagt (etwa Matthäus 19,21). – Aber dasselbe Neue Testament lehrt auch, daß die Menschen Sünder sind und bleiben. Wer das gewaltsam ändern wollte, wie zumindest zu Anfang Edel-Kommunisten oder auch Edel-Nazis, erlebte sehr bald, daß man die »kleinen Korrekturen an der Wirklichkeit« des Menschen mit Millionen von Menschenleben bezahlen mußte, bis das Ganze in reine Tyrannei ausartete.

– Richtig ist, daß auch nach dem Neuen Testament die Mission schlechthin abhängig ist von den guten Werken der Christen (Matthäus 5,14–16). – Aber von dieser Funktion für die Ausbreitung, die heute wichtiger ist denn je (»Glaubwürdigkeit«), ist zu unterscheiden, ob die Botschaft durch Fehlverhalten widerlegt wird. Das sind logisch zwei unterschiedliche Dinge. Die notwendige Funktion für die Verbreitung (Mission) ist zu unterscheiden von der Legitimität der Sache, für die nach der Bibel Gott einsteht.

– Richtig ist, daß das Neue Testament Unglaubliches verlangt, das die meisten nicht leisten können. Richtig ist aber auch, daß es Unglaubliches anbietet, und zwar als Vorleistung Gottes. Der Verdacht geht dahin, daß, wenn Menschen sich auf diese Vorleistung mehr einließen, sie auch den Forderungen entsprechen könnten. Es geht um Befreiung, die zu Freisein befähigt. Um Staunenkönnen, das das Herz öffnet.

– Von daher wird verständlich: Moralisch ist das Christentum immer nur in zweiter Linie. In erster Linie geht es um Gottes Zuwendung. Sie ist, nach vielen Zeugnissen des Neuen Testaments, unverbrüchlich. Gottes Zuwendung ist stärker als die Vergehen der Menschen, denn Gott ist größer auch als menschliche Schuld.

Daher ist die Grundaussage des Christentums: Gottes Liebe ist durch menschliche Schuld nicht zu widerlegen. Diese Liebe ist in Jesus Christus und auch in vielen Christen erfahrbar geworden, zum Beispiel in jener Frau aus Albanien, Mutter Teresa genannt, die sich um die Ärmsten der Armen kümmerte (an deren Todestag entstehen diese Zeilen). Sie stand, das wissen wir, nicht allein in unserer Zeit.

Eine Wahrheit – viele Kulturen?

Während nach dem Ansatz Lessings (und tendenziell vieler moderner Theologen) die Wahrheit des Christentums moralisch und eschatologisch ist, besteht sie nach der hier vertretenen Auffassung in erster Linie als Tröstung und Zuwendung Gottes, die sich in mehreren Christentümern (kirchlichen Gemeinschaften) zeichenhaft darstellt. Sie ist daher weder ethisch verdünnt noch rein transzendent, sondern je und je eine Gestalt des Lebens.

Die Antwort des Christentums auf den Pluralismus der Gegenwart ist die geheilte Pluralität im Raum der Kirche (»Vielfalt ja« – »Beliebigkeit nein«).

Die »mehreren Christentümer« stehen nicht unverbunden nebeneinander. Durch den Rückbezug auf die Schrift und das gegenseitige Sich-Anerkennen als Christen sind sie verbunden. – Daß es unterschiedliche Christentümer (schon im 1. Jahrhundert n. Chr.) gab und gibt, ist eine Folge der jeweiligen kulturellen Einbindung des Christentums. Wir fragen: Was ist das und warum ist das notwendig? Zumeist steht »Sprache« für eine ganze Kultur; in der Gegenwart beginnt man, die Einbettung der jeweiligen Sprache in eine Kultur stärker zu beachten. Damit sind vom Pfingstwunder eben auch unterschiedliche Kulturen betroffen.

Wir sahen bereits: Christentum ist nicht eine ablösbare Sache, keine in Kurzform darzustellende Dogmatik. Wenn christliche Wahrheit Konvivenz ist, dann geht es um einen Lebensstil, freilich um einen, der Leben und Tod, mein Leben und das anderer, Mensch und Gott verbindet. – Wenn das zutrifft, dann ist jegliche Mission nur möglich als jeweils im Rahmen der Begegnung von (christlicher und nicht-christlicher) Kultur gefundene Lebensmöglichkeit in der neuen, zuvor nicht-christlichen Kultur.

Kultur lebt vom Brückenbauen. Daher muß der Missionar fragen: Welche Anknüpfungspunkte gibt es? Die elementarste Form, daß Brücken entstehen, ist, daß man andere, bis dahin unbekannte Menschen kennenlernt (den Verkündiger, seine Gemeinde, die Gemeinde des Gottesvolkes von Abel bis Jesus und Paulus). Es geht nicht primär um Bereicherung durch neue Vorstellungen (Dogmatik), sondern um Verbindung mit »neuen« Personen.

Christsein als Gestalt des Lebens – das kann immer nur eine bestimmte Gestalt sein. Christsein ist nicht nur eine unsichtbare »Einstellung«, sondern wird Gestalt,

– weil die Werke missionarischen Charakter haben (Matthäus 5,16; 1 Petrus 2,12);

– weil die Leiblichkeit das Ziel der Wege Gottes ist.

Den meisten Zeitgenossen erscheinen Religionen als menschliche Versuche, sich mit dem Geheimnis zu arrangieren. Vor allem von daher wird auch die These von der Gleichrangigkeit der Religionen leicht begreiflich gemacht. – Damit prallt zumeist die Meinung »rechtgläubiger« Christen zusammen, nach der es sich in der Bibel (und nirgends anders) um Gottes Wort handelt. Was ist das – »Gottes Wort«?

Das Problem

Ein bekannter evangelischer Theologe hat das mit der Überschrift gestellte Problem kürzlich so beschrieben: »Ich glaube also nicht an die Bibel als Wort Gottes an uns, sondern an Jesus, der, durch Schuttmassen der kirchlichen Tradition erdrückt, *hinter* den ntl. Texten steht … Ich kann daher unter keinen Umständen die Entscheidung der Kirche des 2. Jh.s nachvollziehen und das Neue Testament samt dem Alten als Gotteswort ansehen, sondern betrachte sie als historisch gewordene frühchristliche Sammlung« (G. Lüdemann: Ketzer. Die andere Seite des frühen Christentums, Stuttgart 1995, 221f). Die so aufgestellte Alternative ist in der Tat suggestiv und berührt zunächst das Problem, daß sich über den Charakter der Bibel als Gotteswort bzw. als Offenbarung in der Regel Systematiker äußern, nicht aber die Exegeten selbst. Weder trauen diese sich selbst noch trauen offenbar andere ihnen zu, daß sie ihren Gegenstand gewissermaßen von außen betrachten, einordnen und theologisch beurteilen könnten.

Diese Lage führt zu der merkwürdigen Situation, daß in den dogmatischen Traktaten über die Offenbarung und die Inspiration zwar viel von K. Barth († 1968) und Augustinus († 429) die Rede ist, fast nirgends aber die biblischen Texte selbst zu Wort kommen. So findet man auf der Suche nach einer Antwort bei den Systematikern exegetisch gesehen so merkwürdige Dinge wie »Selbstoffenbarung Gottes«, »Irrtumslosigkeit der Schrift«, die Unterscheidung zwischen Verbal- und Realinspiration, Aussagen, nach denen die Schrift nur Antwort auf Offenbarung sei oder »geschehende Offenbarung« *nur bezeuge*, schließlich auch zahlreiche ungeklärte Meinungen über den Heiligen Geist und andererseits doch wieder eine so starke Betonung Jesu Christi, daß das Alte Testament kaum einen Ort zu finden scheint. Das Votum des eingangs zitierten Neutestamentlers wird von da aus gut verständlich, auch wenn seine Alternative irreführend ist.

Die dogmatischen Aussagen über Gottes Wort erscheinen oft als der Schrift übergestülpt, kaum je aus ihr selbst gewonnen und dem Selbstverständnis der biblischen Autoren zumindest fremd. Nehmen wir als Beispiel die Rede von der »geschehenden Offenbarung«, die in der Bibel nur bezeugt werde. Wie soll denn eine solche Offenbarung zum Beispiel für den 1. Korintherbrief aussehen? Hat Paulus vorher gebetet? Ist er »stille« geworden? Hat er die Offenbarung in seinem »Herzen« vernommen? Kurz: Wie handelt Gott in diesem Fall in der Geschichte? War die geschehene Offenbarung die Christusvision vor Damaskus? Aber was hülfe das speziell für den 1. Korintherbrief? Wird nicht die Berufungsvision des Apostels so viel zu stark strapaziert, ohne daß irgend etwas wirklich erklärt würde?

Gleiches gilt für die These, die Schrift sei nur »Antwort«. Auf was, bitte?

Viel hat auch der (irrtümliche) Eindruck verdorben, den die Kunstgeschichte hinterlassen hat, speziell die romanische Buchmalerei, die Inspiration so darstellt, als habe eine Taube auf den Schultern der Evangelisten diesen etwas zugeflüstert. So aber wird Inspiration in der Schrift nirgends vorgestellt.

Wer davon ausgeht, daß Jesus »die Offenbarung Gottes« sei, »das Medium«, in dem Gott sich selbst zur Sprache bringe und sich selbst mitteile, läßt das Alte Testament aus. Es muß daher eine Kategorie gefunden werden, die nicht von vornherein nur die Aussagen des Johannes-Evangeliums im Verständnis des 19. Jahrhunderts zum Maßstab dessen macht, was Offenbarung ist.

Gott spricht selten

Es empfiehlt sich, von den extrem wenigen Stellen zum Beispiel im Neuen Testament auszugehen, nach denen das Gehörte wirklich Gottes eigenes Wort ist. Jesus hört Gott sagen: *Du bist mein geliebter Sohn, an dir habe ich Wohlgefallen* (Markus 1,11f). Ferner sagt Gott ganz ähnlich: *Dieser ist mein geliebter Sohn, auf ihn sollt ihr hören* (Markus 9,7). An der entsprechenden Stelle in Johannes 12,28 sagt Gott: *Ich habe verherrlicht und werde nochmals verherrlichen.* Schließlich sagt Gott: *Siehe, ich mache alles neu. Schreib: Diese Worte sind treu und wahr. Ich bin das A und das O, der Anfang und das Ende. Ich werde dem, der Durst hat, Wasser schenken aus der Lebensquelle* (Offenbarung 21,5–6). Im Hintergrund aller vier Stellen steht die frühjüdische Auffassung von der »Stimme Gottes«, mit der Gott kommentierend in das irdische Geschehen eingreift. Daß es hier Überschneidungen mit dem Donner-Orakel gibt, wird aus Johannes 12,29 ebenso deutlich wie aus Hiob 40,9. Auch aus Qumran gibt es Donner-Deutungen (Brontologien).

Wichtig ist, daß in allen vier Evangelien und in der Offenbarung des Johannes die absolut erstrangigen Worte oder Situationen als direktes Wort Gottes gekennzeichnet sind. – Die Frage ist hier nicht, ob wir das nachvollziehen können. Aber bedeutsam ist: Man rechnete überhaupt damit und hat die Ereignisse so wahrgenommen.

Gegenüber jedem Fundamentalismus wird hier gut deutlich: Die Bibel selbst redet nicht pauschal von Gottes Wort. Nur an wenigen Stellen etwa des Neuen Testaments ist davon die Rede. Gegenüber jedem Versuch einer Koranisierung des Neuen Testaments (Verbalinspiration im Sinne der direkten Gleichheit von Bibelwort und Gotteswort) gilt: Nur im übertragenen Sinne kann man das Neue Testament als Wort Gottes bezeichnen. Seine Autoren selbst tun dies in der Regel nicht, sondern dieses war ein Akt der katholischen Kirche um 200 n. Chr.

Wiederholt wird die Schrift (für die frühen Christen: das Alte Testament) als direktes Wort Gottes zitiert. Nach Markus 1,1 spricht Gott zu seinem Sohn (Jesus): *Siehe, ich sende meinen Boten vor dir einher ...* – ähnlich ist die Schrift auch nach dem Hebräerbrief direktes Wort für die Gegenwart.

Sendung als Schlüssel

Die Formel *Denn so spricht der Herr* leitet als sogenannte Botenformel im Alten Testament Prophetensprüche ein. Analog sind Formulierungen wie diese: *Siehe, ich lege meine Worte in deinen Mund ...* (Jeremia 1,9). Die ältesten Ansätze zur Kanonbildung finden sich unter der Bezeichnung »Mose und die Propheten«. Auch Mose gilt als Prophet, und zwar in qualifizierter Weise. Von der Auffassung des prophetischen Wortes her gewinnt die Schrift den Charakter als Wort in Gottes Auftrag. Daß Mose als Verfasser des Pentateuch (der fünf Bücher Mosis) galt, ist dabei sicher ein Eckstein in der Entwicklung zum Kanon hin. Denn wenn Mose der größte aller Propheten war, dann mußten seine Bücher die Würde von Prophetenworten nicht nur auch, sondern vor allem und in erster Linie erhalten. Historisch gesehen geht wohl an dieser Stelle die Einschätzung von Prophetenworten und ihre Sammlung traditionsgeschichtlich voraus.

Im Neuen Testament sind die Apostelbriefe mit der Einleitung *Gnade euch und Friede von Gott dem Vater …* auf Gott als ihren eigentlichen Absender zurückbezogen. Wenn der Apostel in Gottes Namen Gnade und Friede zuspricht, dann kennzeichnet er Gott als seinen Auftraggeber. Sein eigenes Wort versteht der Apostel zweifellos als bevollmächtigt. Die Analogien zwischen Apostelbriefen und prophetischer Rede sowie Prophetenbriefen sind öfter aufgezeigt worden.

Ebenso sind Worte von Engeln als Auftragsworte zu verstehen. Neben die Gottesworte in Markus 1,11 und 9,7 tritt damit in Markus 16,6 zum Beispiel das Wort des Engels als gleichrangig. – Analog auch die Funktion des Engels in der Johannes-Offenbarung: Die Offenbarung Jesu Christi (1,1) stellt sich praktisch als Engelsbotschaft dar (etwa 22,8).

Jesu Botschaft konnte deshalb neben die Worte der Propheten gestellt werden, weil Jesu Gesandtsein mindestens dem der Propheten entsprach. Auch der Seher Johannes versteht sich noch als Prophet.

Das entscheidende historische Problem ist nun die Legitimität des zunächst ja nur behaupteten Gesandtseins. Vor allem zur Klärung dieser Frage ist die im folgenden besprochene Kategorie wichtig.

Gottes Wort und Menschenwort

Merkmal von Gottes Wort im Unterschied zum Menschenwort ist schon im Alten Testament, daß Gottes Wort kreativ ist, das heißt Wirklichkeit schafft und nicht nur beschreibt. Gottes Wort kommt »nicht leer« zurück. Das bedeutet dreierlei: Weissagungen gehen in Erfüllung und Machtworte bewirken Wunder. Vor allem aber: Rechtsentscheide, auf Erden gefällt, gelten auch im Himmel. Dazu gehören Sündenvergebung und Einlaß sowie Ausschluß aus der Gemeinde (Markus 2,52; Mattthäus 16,19; 18,18; Johannes 20,22f). Gerade diese Vollmachtsworte sind interessant. Es sind menschliche Worte göttlichen Rechts. Sie sind nicht irgendwie inspiriert, sondern werden pauschal von Gott nostrifiziert.

Hier entsteht unmittelbar das Problem vollmächtiger Rede. Ist Reden aus Vollmacht Gottes Wort? Von Jesus wird gesagt, seine Rede unterscheide sich als »Reden aus Vollmacht«. Damit ist sein Wort als Gotteswort gekennzeichnet. Wer nun freilich – wie der eingangs zitierte Neutestamentler – die dreierlei Wirkung des göttlichen Wortes grundsätzlich leugnet, da es weder Wunder noch Absolution etc. gebe, der ist auch nicht in der Lage, den Worten Jesu eine wie auch immer geartete Vollmacht zuzuschreiben. Hier bleibt dann alles Menschenwort.

Ich meine also, daß die Antwort auf die Frage, ob die Bibel Gottes Wort sei, abhängig ist von der Einschätzung bzw. Anerkennung der Vollmacht des Wortes der Propheten und des »historischen« Jesus.

Das heißt: Die uns beschäftigende Frage ist abhängig von der Legitimität der biblischen Autoren. Sie ist damit nicht abstrakt am bloßen Wort zu klären. Und es ist ganz richtig: Das bloße Wort der Schrift ist zu einhundert Prozent philologisch und historisch zu klären und zu erklären. Es ist auf diesem historisch-philologischen Wege nicht zu erweisen, daß es göttlich ist. Eine *philologia sacra* ist insoweit abzulehnen. Das gilt auch religionsgeschichtlich. Wer durch religionsgeschichtlichen Vergleich die Absolutheit des Christentums erweisen möchte, ist auf dem Holzwege.

Anders steht es um die Frage, *wer* da *für wen* spricht oder schreibt und *in wessen Namen* das geschieht.

Damit ist eine erste These gewonnen: Gottes Wort zu sein ist nicht Eigenschaft des bloßen Wortes, das Wort eines biblischen Propheten ist nicht als solches inspiriert, sondern inspiriert ist (bestenfalls) sein Sprecher (vgl. Matthäus 10,20).

Wenn nämlich Jesus der Christus und Menschensohn ist, wenn Jesaja von Gott berufener Prophet ist und Paulus berufener Apostel, dann sind ihre Worte gültig für diejenigen, die etwas mit diesem Gott zu tun haben wollen.

Die Legitimität des Propheten

In den verschiedenen Büchern der Schrift wird immer wieder über Kriterien für die Legitimität der Autoren diskutiert, die wir hier der Einfachheit halber pauschal als »Propheten« bezeichnen, wohl wissend, daß Jesu Würde weit darüber hinausgeht, aber auch die des Propheten umfaßt.

Der komplizierteste und lehrreichste Fall ist der des Apostels Paulus. An diesem Fall wird deutlich, daß Legitimität nicht an sich besteht, sondern abhängig ist von der Zustimmung derer, in deren Kreis sie gelten soll. Andererseits kommt sie offensichtlich nicht demokratisch zustande, also nicht per Massenabstimmung aller.

Seine Christusvision kann niemand bezeugen außer Paulus selbst. Zuvor war er Christenverfolger. Sein Christentum für die Heiden und ohne Beschneidungsforderung ist neuartig und war durch nichts legitimiert. Man kann daher fragen, was aus Paulus und seinem Christentum geworden wäre, hätte es nicht den Apostelkonvent gegeben (Apostelgeschichte 15). Anerkannt wird auf diesem Konvent Gottes Wirken an und durch Paulus. Also ist sein Wort das eines legitimen Apostels und dürfen seine Worte neben den Worten Jesu im Kanon stehen. Aber zu Pauli Lebzeiten war das offenbar umstritten und, wenn unsere Lesart der judenchristlichen Texte der frühen Kirche richtig ist, auch noch lange danach. Wenn Paulus sich auf Zeichen des Apostels beruft, weiß er offenbar selbst, wie schwach sein Argument ist (2 Korinther 12,12).

Die Legitimität des Paulus bedurfte, um geschichtlich wirksam zu werden, der Zustimmung anderer wichtiger Apostel und Jünger in der Kirche.

Heißt das also: Was Gottes Wort ist, bestimmt die Kirche? – Gewiß nicht. Aber die Kirche mußte Gottes Wirken an und durch Paulus anerkennen, damit seine Berufung zu geschichtlicher Wirksamkeit kommnen konnte. Die Frage entsteht natürlich sogleich:

Wer legitimiert die Kirche?

Üblicherweise wird diese Frage durch Hinweis auf den heiligen Geist beantwortet. Es sei eben das Wirken des heiligen Geistes, welches garantiere, daß alles so seinen richtigen Gang genommen habe, zum Beispiel Paulus anerkannt und das heidenchristliche Evangelium rechtzeitig eingeführt worden sei. Interessanterweise fehlen für diese Auffassung die biblischen Belege fast ganz. Denn nach dem Neuen Testament sprengt der heilige Geist wohl die Grenzen, etwa in der Frage der Heidenmission. Und der Paraklet des Johannes-Evangeliums erinnert an »alle Worte Jesu« (Johannes 14,26). Aber daß Gottes Geist die Zustimmung zu Paulus bewirkt habe, ist offenbar nicht Auffassung des Neuen Testaments. – Es besteht vielmehr eine verbreitete Neigung unter Theologen, alle ganz schwierigen Dinge, die man nicht gut beweisen kann und die irgend etwas mit Einsicht und Verständnis zu tun haben, dem heiligen Geist zuzuschreiben. Die Folge ist die bekannte Unterbelichtung des dritten Artikels des Glaubensbekenntnisses und die ebenso bekannte Entleerung des Pfingstfestes.

Nein, der heilige Geist hat im Neuen Testament – im Unterschied zu seiner Rolle in der modernen Theologie – klare Konturen und kann nicht als fast anonyme Legitimationsinstanz für Beliebiges und für alles Mögliche in Anspruch genommen werden, speziell wenn es darum geht, etwas zu erkennen oder wahrzunehmen. Nur dagegen wende ich mich, gewiß nicht gegen das Wirken von Gottes Geist.

Also: Wie kam es dazu, daß Paulus als legitim anerkannt wurde, seine Gegner aber nicht? Es ist das Problem der Ketzer, das der anfangs zitierte Theologe im Zusammenhang mit der Entstehung des Kanons mit Recht erörtert. Es wäre geradezu eine Versuchung, an dieser Stelle einen Kanon im Kanon, eine Mitte der Schrift oder ein frühes Credo als Maßstab anzunehmen, an dem sich Paulus als legitim zu erweisen gehabt hätte.

Paulus sagt in Galater 2,9: *Sie erkannten die Gnade, die mir gegeben war.* Es ging daher um Erkennen und Anerkennen, um Wahrnehmen und Bestätigen. Die »Gnade«, die Paulus »gegeben war« – das bedeutet: Das, was Paulus wirkte und sagte, war von Gott. Aber: Woher weiß man das? Vielleicht war es so: Ahnungen, Erfahrungen, Erinnerungen, die Art, mit dem Gott der Väter zu leben, werden im Wirken des Paulus *wiedererkannt*. Und zwar von Menschen, die selbst in dieser Hinsicht anerkannt und glaubwürdig sind. Die Erinnerungen sind sicher auch auf die Art bezogen, in der man damals die Schrift (das Alte Testament) las und in Hymnen Gott lobte.

Für Paulus selbst kommt vor allem hinzu: Wo Gemeinden ohne Zwang lebendig sind und sich ihres Glaubens freuen, da bestätigt das auch seine eigene Legitimität.

Wiedererkennen (Gottes), Befreiung im Namen Jesu und Freude wären daher durchaus innerweltliche Erfahrungen, die den Aposteln als Kriterien für die Legitimität anderer Apostel und potentieller Autoren eines christlichen Kanons (was im 1. Jahrhundert noch anachronistisch war) hätten dienen können. Im übrigen gilt: Die Mütter und Väter der Kirche um 200 n. Chr. hatten ihre Gründe für die Auswahl des Kanons. Diese Gründe kann man fast alle auch heute noch nachvollziehen oder argumentativ verteidigen

Es hat, meine ich, keinen Sinn, vom formalen Kriterium der Christusvision auszugehen und zu fordern: Wer eine Christusvision hatte, war legitimer Apostel. Viele hatten solche Visionen und waren doch nicht Apostel.

Oft habe ich als Theologenmeinung gehört: Wie in Jesus zwei »Naturen« seien, die göttliche und die menschliche, so sei auch das Wort der Bibel aufzufassen: menschlich nach Gestalt und Umständen, göttlich als Zuspruch der Gnade. Ich kann mich dieser Anschauung nicht anschließen:

– Die Bibel läßt – anders als ein Mensch – die Annahme eines verborgenen Hintersinnes nicht zu.

– Wer die Bibel mit der Zwei-Naturen-Lehre vergleicht, leistet einer Koranisierung der Bibel Vorschub. Daß die Bibel »als solche die Offenbarung« sei, wird weder im Alten noch im Neuen Testament behauptet. Der Kanon ist eine Sammlung, die Menschen veranstaltet haben.

– Ist Jesus nicht »das Wort« Gottes? In einem ganz bestimmten Sinne gilt dieses im Johannes-Evangelium. In Johannes 1,17 geht es bei Gesetz und Gnade nicht um sich ausschließende Gegensätze. Wer Jesus ist, das wird als worthaft beschrieben, weil er Worte in Vollmacht verkündet hat, wie seine Wunder zeigen (die schon deshalb zur Substanz des Johannes-Evangeliums gehören). Weil hier Gottes Schöpfermacht erahnbar wird, gilt Johannes 1,1. Im übrigen ist die Dringlichkeit und Unausweichlichkeit von Jesu Anspruch Grund für die »hohen« christologischen Aussagen. – Das Johannes-Evangelium steht mithin ganz in der Tradition der prophetischen Auffassung von Gottes Wort.

Inspiration

Nun rechnet aber 2 Timotheus 3,16 damit, daß Schriftstellen *von Gottes Geist eingegeben* sind. Alle Analogien (zum Beispiel Jeremia 36,4), auch die für die Wendung »von Gott eingegeben« (etwa in dem jüdisch-hellenistischen Lehrgedicht Pseudo-Phokylides V. 129 »Das Wort von Gott eingegebener Weisheit ist das beste«), lassen erkennen, daß es sich um inspirierte Verfasser handelt (wie Hebräer 3,7; 9,8).

Aber wie soll man sich das vorstellen, wenn Jesus sagt: *Nicht ihr redet, sondern der Geist des Vaters in euch* (Matthäus 10,20)? Während der hellenistische Jude Philo von Alexandrien damit rechnet, daß der menschliche Verstand »untergeht« (wie die Sonne beim Sonnenuntergang), wenn Gottes Geist seinen Einzug hält (ähnlich bei antiker Mantik, etwa bei der Pythia in Delphi), denkt Paulus das offenbar anders: Nach 1 Korinther 14,14 ist der Verstand des Menschen nicht ausgeschaltet, wenn der »Geist« des Menschen »in Zungen« betet; er hat nur nichts davon.

Hier muß man gehörig unterscheiden: Der Geist schenkt nach Paulus unterschiedliche Gaben, solche in menschlicher Sprache (Prophezeien, Beten, Lehren etc.) und solche in der Sprache der Engel (»Zungen«, auch Beten in Zungen), die man nur mit Dolmetsch versteht. – Das Wort des Apostels gehört zur ersten Gruppe (vgl. 1 Korinther 7,40b). Wie das Wort der Christen vor Gericht, ist es menschliche Rede. Inwiefern aber legt Paulus Wert darauf, diese Rede sei geistgewirkt? Ist bei den Menschen vor Gericht nicht doch eine bestimmte Erfahrung damit verbunden? – Hier ist auf eine Kategorie zu verweisen, die sowohl vor Gericht gilt als auch vom Gebet vor Gott: Freimut (gr.: *parrhesia*). Sicher geht es dabei um eine wichtige Erfahrung: Mangel an Angst, Beseitigung der Schranken zwischen der Niedrigkeit des Sprechers und der Hoheit des Angeredeten. Hier wie auch sonst beseitigt der Geist die Schranken und Grenzen. Aber so verändert sich die Gestalt der Worte nicht.

Besagt das etwas für 2 Timotheus 3,16 und verwandte Stellen? Doch wohl dieses: Zwischen Gott und Schrift besteht kein Rangunterschied in der Autorität des Sprechenden, keine Trennung. Ebenso wie Jesus nach dem Johannes-Evangelium nie getrennt war von Gott und es nie sein wird. *Ergebnis:* Sofern Inspirationsvorstellungen für das Schriftverständnis wichtig sind, besagen sie etwas über die Autorität, den von Gottes Hoheit nicht zu trennenden Charakter des Wortes. Es ist daher ähnlich wie bei der Sendung.

Gottes Wort ist nicht so zu ermitteln, daß man es vom Bestand der Menschenworte durch Subtraktion abziehen könnte.

Den Kanon des Alten Testaments (sowohl in hebräischer als auch in griechischer Septuaginta-Fassung) hat sich die Kirche schlicht vom Judentum schenken lassen. Das ist – zu Beginn des 2. Jahrhunderts! – ein wichtiger und bedeutsamer Vorgang.

Gottes Wort – bezogen auf das Neue Testament – ist das Wort von Zeugen, deren Zeugenschaft, Person und Verkündigung, deren Wirken und Bindung an Jesus, deren Martyrium (in der Regel) und deren geistlich-liturgische Bedeutung man leicht akzeptieren konnte.

Gottes Wort ist nicht am Einzelwort erweisbar, sondern von seinen Trägern und von seiner Funktion her.

Diese Funktion hat etwas mit dem »Kanon« beider Testamente zu tun. Dessen Funktion besteht darin, den historischen Zugang zu den Vätern und Propheten des Gottesvolkes Israel und zu Jesus zu ermöglichen. Dabei geht es nicht um einen beliebigen historischen Zugang, sondern die Schrift führt mitten in das Gottesverhältnis dieser Zeugen hinein. Dieser historische Zugang ist für die Kirche lebensnotwendig, weil darin wahrgemacht wird, daß der Anfang nicht zu vereinnahmen ist.

Gottes Wort ist daher nur in wenigen Hinsichten dem Menschenwort *entgegengesetzt:* Es ist nicht leer und »bleibt«, und es ist für uns nur in den historischen Anfängen greifbar. Im übrigen aber ist auch Gottes Wort nur immer als Menschenwort zugänglich.

Trifft das zu, dann wird noch einmal deutlich: Das Evangelium ist nicht von seiner jeweiligen Gestalt abzuziehen, sondern besteht nur in je anderer Gestalt. Die Vermittlung geschieht durch Glaubwürdigkeit im Zusammenleben.

Klaus Berger
Wer war Jesus wirklich?

Klaus Berger
Wer war Jesus wirklich?
230 Seiten. Kt.
[3-579-01448-X]
GTB 1448

*J*esus von Nazareth – Stein des Anstoßes und Urbild des vollkommenen Menschen? Was tragen Judentum, das Johannesevangelium und die kaum bekannten Evangelien außerhalb der Bibel zu diesem Bild bei? Klaus Berger mißtraut dem zurechtgestutzten Jesusbild und versucht, die Konturen des wirklichen Jesus nachzuzeichnen. So entsteht ein überraschendes Mosaik von Jesus und seiner herausfordernden Botschaft.

Tel. 0 52 41 / 74 05 – 41
Fax 0 52 41 / 74 05 – 48
Internet: http://www.guetersloher-vh.de
e-mail: info@guetersloher-vh.de

Gütersloher Verlagshaus

Klaus Berger

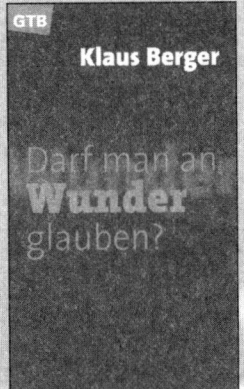